RÉMI RAHER

CROIRE QUE TOUT EST POSSIBLE

Conception graphique : Richard Zuber

ISBN : 9-782356-444639

Table des matières

Préface

Après une aventure V and B qui dure (déjà !) depuis deux décennies et l'ouverture de plus de 200 magasins, vous avez entre les mains un ouvrage qui raconte une partie de notre histoire. Celle de deux petits gars des Pays de la Loire qui redécouvrent chaque matin le plaisir d'animer une équipe forte de plus de 1500 personnes à l'enthousiasme débordant et à l'énergie contagieuse.

Pourquoi ce livre ? Un peu par hasard, mais surtout par envie. Au-delà de la rencontre avec Rémi Raher, qui est notre plume pour raconter l'histoire de V and B, nous souhaitons transmettre ce goût de la convivialité et ce désir d'agir qui nous inspirent quotidiennement au sein de notre réseau. Cet appétit pour la vie, pour les autres et pour l'avenir.

Ce ne sont pas seulement des mots. Nous croyons fermement à la magie du quotidien, aux ambiances collectives et à la réalisation de l'improbable. Depuis la création de V and B, nous n'avons cessé de croire à nos projets, à ceux qui les portent et à l'ambiance sociale et commerciale que le groupe diffuse. En partant d'une feuille blanche, nous avons eu la chance d'écrire notre propre feuille de route et de matérialiser notre vision sans influence du passé, d'insuffler nos idées et nos valeurs dans toutes nos créations d'entreprises.

Si l'envie est notre leitmotiv, les rencontres sont notre passion. On ne réussit jamais seul et l'écosystème V and B en est la preuve : à ce jour, nous sommes entourés de 80 associés ! Après tout, nous croyons en la jeunesse et nous faisons confiance à la compétence de nos partenaires, alors pourquoi ne pas s'associer avec eux lorsque nous lançons une nouvelle société pour porter un nouveau projet ? C'est aussi cela, la valeur de l'exemple : cette confiance et cette émulation se sont propagées parmi les 1500 VandBistes qui œuvrent tous les jours au développement et à la performance de notre enseigne.

Aujourd'hui, le groupe V and B se distingue par une croissance rapide, mais c'est loin d'être le seul moteur de notre ambition. Nous plaçons l'humanisme au cœur de notre histoire et la convivialité comme axe pivot : l'envie de faire les choses bien et de faire les bonnes choses est au centre de notre démarche. Car si nous avons (il est vrai) le goût de la performance, nous militons pour le vivre-ensemble et partageons ensemble nos succès sans gloriole personnelle. Nous voulons le meilleur pour notre clientèle et nous ne pouvons tricher avec le ressenti; seule la sincérité de nos actions peut refléter la sincérité de nos motivations.

Des magasins, des vignes, des restaurants, une brasserie, un festival… C'est vrai que l'on aime entreprendre, chez V and B ! Mais plus pour l'amour du challenge que pour celui du profit : il faut croire en ses rêves, ne pas hésiter à se lancer et tout donner pour y arriver. Une vraie philosophie, qui est devenue la colonne vertébrale de nos équipes, ce qui permet à chacun d'oser et d'exprimer ses idées les plus folles.

Mais il ne suffit pas de prêcher la bonne parole pour persuader les autres que tout est possible ! Nous ne pouvons convaincre que par le succès de nos réalisations, d'où la nécessité du résultat. Cette exigence de la performance conjuguée à la passion nous donne un cap, et tout l'équipage s'active ainsi vers un horizon partagé. Cela nous éloigne de toute morosité, qui est souvent la cause du mal être dans l'entreprise… et nous n'avons pour ainsi dire aucun turn-over. Nos collaborateurs évoluent en interne et changent de métier, mais ils restent chez nous et font grandir l'entreprise en même temps qu'ils grandissent eux-mêmes.

Pourtant, le succès n'était pas garanti quand nous nous sommes lancés. Ni notre concept ni nos profils ne nous prédisaient les meilleurs augures. Sans diplôme, sans réseau, sans fortune et sans expérience professionnelle, il fallait croire en son destin ! Il y a eu des déconvenues et des sacrifices, mais vous découvrirez tout au long de ce livre la belle histoire que nous vivons depuis nos premières heures, ponctuée de rencontres et d'anecdotes.

> **Il faut croire en ses rêves, ne pas hésiter à se lancer et tout donner pour y arriver.**

Certes, il n'y a jamais rien d'acquis dans la vie, mais l'avenir est plein de promesses. Il faut faire confiance au temps, diffuser son envie et croire en les autres. Une chose est sûre en tout cas : 20 ans, ça passe vite, donc prenez le temps d'aller vite !

Bonne lecture… et à bientôt dans notre réseau.

Manu et Jean-Pierre
Cofondateurs de V and B

On découvre un territoire, la Mayenne, une ambiance, très «work'n'roll», des personnes, toutes surprenantes, une énergie, galvanisante... C'est précisément tout cela que cet ouvrage tentera de vous restituer, à travers différentes étapes de la vie de cette entreprise particulière et des gens qui la construisent au quotidien. Vous y trouverez des anecdotes et de bonnes intuitions, mais aussi quelques erreurs et des apprentissages. Certaines choses sont allées vite, d'autres ont pris (beaucoup) plus de temps que prévu (y compris ce livre !).

Pas de faux semblants et un partage sincère du vécu de chacun, telle était la feuille de route. Je crois que nous y sommes parvenus et personne au sein de V and B n'a jugé utile de modifier ou caviarder quoi que ce soit dans ces pages. J'espère que toutes les personnes que je cite se retrouveront dans les propos que je relate ; j'en profite pour remercier toutes celles et tous ceux qui m'ont accordé une partie de leur temps pour donner naissance à cette publication.

Et puisqu'on ne négocie pas avec le temps, c'est aussi dans cet esprit que ce volume a été conçu. Alternant récit et citations, il offre une lecture rapide et directe, avec un partage sincère des points de vue et des expériences vécues. Chaque chapitre est complété de quelques pages intitulées « à prendre ou à laisser », qui font le point sur un sujet relatif à la vie des entreprises et susceptibles d'intéresser les porteurs de projets et entrepreneurs en herbe : le choix d'un associé, l'invention d'un concept, les leviers de croissance, la culture d'entreprise, la diversification... Sans prétendre faire un business-book, vous y trouverez peut-être quelques idées et pistes de réflexions pour vos aventures à venir.

Dans le même ordre d'idée, le sommaire du livre s'articule autour de 10 chapitres, l'enchaînement de ceux-ci pouvant être vu comme un plan d'action pour une start-up, une association, un magasin ou un service. N'hésitez pas à vous en inspirer !

1- Faire tomber les murs
2- Créer son terrain de jeu
3- Lancer la machine
4- S'ancrer dans le territoire
5- Prendre le temps d'aller vite

6- Accompagner et faire grandir
7- Maintenir la sève
9- Vivre avec son temps
8- Étendre le domaine de la lutte
10- Faire le tour du monde

Enfin, la lecture n'étant pas toujours un loisir populaire, nous avons tenté de concevoir un ouvrage avec une maquette aérée et agréable, des illustrations et des citations mises en exergue. Tout le mérite en revient à Richard Zuber, stratège et communicant multifonctions chez V and B. Comme tout le mérite lui revient, je n'ai aucun problème à dire que je trouve le résultat vraiment chouette !

J'espère en tout cas que vous aurez autant de plaisir à lire ce livre que j'en ai eu à l'écrire. Je vous souhaite une bonne lecture et le meilleur dans vos aventures.

Rémi Raher

En quittant le collège, l'adolescent se met donc à chercher un emploi. Monde agricole, saisons, vendanges, intérim... Il fréquente une quarantaine d'entreprises en 3 ans et n'y reste pas toujours très longtemps.

> *« Je crois que je détiens le record du job le plus court : je suis parti au bout de 20 minutes ! Pour faire simple, lorsque j'arrive, un mec me parle mal et me file un bleu, puis un autre type me siffle sans même me saluer. Avec un tel accueil, je décide de me casser. C'est vrai que je n'étais pas facile socialement ou alors j'étais déjà sensible au bien-être au travail ! (rires) »*
> *[Jean-Pierre Derouet, cofondateur]*

A l'âge de 17 ans, une nouvelle passion le dévore : la boxe anglaise. Comme il ne fait pas les choses à moitié, il décide de devenir boxeur à plein temps et s'entraîne 5h par jour, en faisant office de sparring-partner aux combattants professionnels. Il fait quelques petits boulots pour continuer de faire bouillir la marmite mais il ne vit que pour la boxe.

> *« La boxe, c'est une école de la vie. Tu y apprends l'effort et la persévérance, le respect des autres et la discipline. C'est une période super heureuse de ma vie et c'est quelque chose qui m'a beaucoup apporté. »*
> *[Jean-Pierre Derouet, cofondateur]*

Néanmoins, toutes les bonnes choses ont une fin. Pas tant que le sport le lasse, mais le jeune homme aime changer d'environnement, multiplier les expériences et faire des choses différentes. Il passe du temps à Paris, où il va voir jusqu'à 3 films par jour et lit des livres sur les conseils d'un ami militant au Parti communiste. Professionnellement, il continue à cumuler les jobs temporaires et parfois inattendus.

> *« J'ai fait plein de trucs amusants : j'ai été bûcheron pendant 4 mois et routier pendant presque 1 an. J'ai même été berger pendant plusieurs mois, parce que j'ai dit à l'ANPE que je voulais être berger en espérant qu'ils ne me trouveraient aucun job. Mais il y avait un poste à pourvoir et je me suis retrouvé à garder des moutons ! »*
> *[Jean-Pierre Derouet, cofondateur]*

Ce parcours un peu chaotique lui laisse le temps de rêver à l'avenir et de s'interroger sur ses envies. Une conclusion émerge de tout ça : avoir un chef n'est pas vraiment ce qui lui réussit le plus, donc il doit devenir son propre patron s'il veut arrêter de changer d'emploi chaque trimestre. Entreprendre, donc. Quant à savoir dans quel domaine, c'est encore un mystère… mais une expérience particulière commence à dessiner un chemin.

Jean-Pierre arrive à Château-Gontier à l'âge de 20 ans pour les beaux yeux d'une fille. Il ne reste pas longtemps avec elle, mais il épouse la ville, ses habitants et sa qualité de vie. Avec un petit problème cependant : il n'a ni travail ni logement et parvient à joindre les deux bouts en travaillant « au black ». A force de solliciter les boîtes d'intérim, il découvre la vente de vins en porte à porte. C'est le départ de tout le reste.

Un peu bad-boy mais plutôt timide, l'exercice n'est pas évident au début. La notion d'effort découverte en pratiquant la boxe pousse l'homme à persévérer.

> *« Ce n'était vraiment pas évident au début mais je me suis forcé. Même si je n'étais pas très doué, je savais que j'apprenais quelque chose d'utile et que cette expérience me permettrait d'avancer plus tard. De toute façon, il faut sortir de sa zone de confort pour progresser : tu n'es pas à l'aise mais tu persistes donc tu progresses et tu apprends des choses. »*
> *[Jean-Pierre Derouet, cofondateur]*

Au cours de ses pérégrinations, une rencontre va changer sa vie : Jean-Claude Bernard. Ce vigneron de 45 ans est séduit par l'audace du vendeur qui n'a que 23 ans et lui propose de vendre son vin.

> *« Il a du vin mais il ne sait pas le vendre donc on forme le duo parfait. Et puis j'apprécie le personnage donc on devient très proches. Comme il n'a pas d'enfant, un rapport père-fils se met en place. A ses côtés, j'apprends tout ce qui concerne le vin. C'est la première fois que quelqu'un me fait confiance ; il devient un mentor qui me guide et m'épaule. »*
> *[Jean-Pierre Derouet, cofondateur]*

Le tandem fonctionne parfaitement et les bonnes affaires de l'un font les bonnes affaires de l'autre. Avec le temps, c'est une relation filiale qui se construit entre les deux personnages. Décédé pendant l'écriture de cet ouvrage, Jean-Claude Bernard n'aura pas vu l'ouverture du 200ème V and B, mais Jean-Pierre lui a rendu hommage en adressant un message écrit à ses collaborateurs.

> *« J'ai toujours dit que les rencontres dans une vie pouvaient être primordiales. Celle de Jean-Claude Bernard a été pour moi et peut-être pour V and B très significative.*
> *Jean-Claude était ce vigneron du Château Haut-Meyreau qui m'a donné ma chance en 1987 [...] Notre développement a été atypique mais très efficace, puisque vendre du vin en direct n'était pas de tout repos. C'est pourtant bien dans ce domaine que nous avons acquis la foi d'entreprendre [...]*
> *Jean-Claude fut pour moi un père, un mentor, une épaule pour se reposer lorsque le doute s'installait, mais surtout celui qui aura su m'éveiller à être libre et avoir l'audace de croire que nous pouvions nous émanciper [...]*
> *Homme de tempérament, à l'esprit curieux et libre, non conformiste, épicurien, philosophe à ses heures perdues... Il nous rappelait toujours qu'il fallait avoir un plan B et que le pire n'est jamais certain ! »*
> *[Jean-Pierre Derouet, cofondateur]*

Les deux complices ne se sont pas limités à vendre du vin : lorsque le plus jeune décide de monter une cave à Château-Gontier, son mentor prend des parts dans l'aventure. En parallèle, Jean-Pierre développe un réseau de vente en porte-à-porte partout en France, avec 42 vendeurs répartis sur le territoire. Il vend tellement de vin que les deux hommes reprennent une vigne et passent 18 à 110 hectares au fil des années.

Et parce que sa boulimie de projets n'est jamais satisfaite, le jeune entrepreneur commence à monter d'autres caves, toujours avec l'appui de son mentor, avec déjà l'idée d'une franchise en tête. Il crée donc « Centr'Hall Vin » à Laval… et c'est là qu'il rencontre Emmanuel Bouvet.

Ce qui est important, c'est la notion de plaisir et de partage.

Jean-Pierre Derouet
Cofondateur

Emmanuel Bouvet, l'expert de la bière

En effet, c'est dans la capitale de la Mayenne que s'est établi celui que tout le monde appelle « Manu » et qui deviendra son associé. Lui aussi entrepreneur, il a lancé un projet novateur pour l'époque : le Palais de la Bière. Une entreprise qui n'était pas gagnée à l'origine, d'autant plus que Manu n'est pas vraiment amateur de houblon !

Mais si la bière n'est pas son produit de prédilection, c'est là aussi une rencontre qui va lui faire découvrir cet univers. A l'époque, Manu est en apprentissage dans une brasserie et prépare un CAP Hôtellerie-Restauration. Néanmoins, la passion pour les études n'est pas au rendez-vous et il s'intéresse si peu à son cursus qu'il ne prend même pas la peine de se présenter aux examens... Pour autant, il est efficace sur le terrain et son maître d'apprentissage l'embauche en tant que serveur. Il fait alors la connaissance d'un client d'origine allemande qui importe des bières germaniques. Manu est immédiatement séduit par l'idée de travailler dans ce domaine ; il devient salarié pendant quelques mois, jusqu'à ce que l'importateur décide de fermer boutique pour raison économique.

> *« Pour moi, c'était un business naissant, une idée qu'il fallait développer. »*
> *[Emmanuel Bouvet, cofondateur]*

Un pari assez osé pour un jeune homme de 19 ans qui vient de se mettre en couple. Avec Sandrine, qui est alors sa compagne, ils prennent conscience que les prochaines années seront financièrement difficiles. Pour joindre les deux bouts, Manu doit continuer à travailler en restauration midi et soir, en ouvrant son magasin de bière l'après-midi. Et Sandrine, encore étudiante en alternance, vient le remplacer vers 19h pour effectuer la fermeture du magasin, tandis que Manu repart pour son service du soir à la brasserie.

Le début d'une belle histoire ? D'une belle histoire de couple, à n'en pas douter. Sandrine deviendra sa femme et la mère de ses deux filles, ainsi qu'un pilier central de l'aventure V and B. Mais côté business, on ne peut pas en dire autant…

> *« Au bout de 6 mois, j'étais lessivé. Continuer deux activités n'était plus possible, il fallait faire un choix. Comme toute activité qui démarre, les premières années sont compliquées, surtout quand tu es jeune et que tu reçois des tonnes de conseils qu'il faut aussi analyser, tout en persistant pour faire tourner la boutique au quotidien. »*
> *[Emmanuel Bouvet, cofondateur]*

Dans ce premier magasin, Manu débute avec seulement 7 marques de bières allemandes, puis intègre progressivement de la bière belge dans sa gamme. Lentement mais sûrement, les clients se multiplient dans cet univers d'une trentaine de mètres-carré. Et l'un de ces clients s'appelle Jean-Pierre Derouet…

Les deux jeunes entrepreneurs évoluent dans le même écosystème mais ne sont pas concurrents puisqu'ils ne vendent pas le même produit. L'un possède une cave à vin, l'autre une cave à bière. Ils ont tout pour s'entendre… et pourquoi pas pour s'associer ?

> *« J'avais l'intention d'ouvrir une deuxième cave à bière dans la région du Mans et Jean-Pierre avait également ce souhait. Nous avons décidé de nous implanter dans un local de 1000 m2 à Allonnes et de le séparer en deux : le hall d'entrée était commun aux 2 magasins et desservait la cave à vin d'un côté, et la cave à bière de l'autre côté. On ne le savait pas à l'époque, mais c'était le tout début de notre concept autour du vin et de la bière et on était en 1998 ! »*
> *[Emmanuel Bouvet, cofondateur]*

En parallèle, le Palais de la Bière se porte bien puisque du premier local de 30 m^2 à Saint-Berthevin, il passe à 100 m^2 de surface de vente, 500 mètres plus loin. Le loyer est conséquent mais le chiffre d'affaires est en constante évolution, tout comme le magasin d'Allonnes. D'ailleurs, nous y reviendrons plus tard dans ce livre, mais Manu est un peu plus qu'un commerçant averti. Le siège de V and B abrite une brasserie depuis 2018 et c'est lui qui pilote cette nouvelle activité.

> *« Avec le recul, je crois que c'est ton business qui devient une passion, plutôt que ta passion qui devient un business. D'ailleurs, c'est peut-être plus sain comme ça, car ta passion peut flétrir alors que le business est quelque chose de dynamique : tout évolue vite et du coup on apprend toujours, il n'y a pas de routine et c'est stimulant, en tout cas pour moi ! Dès qu'il y a une nouvelle idée, je suis toujours partant pour apprendre et tester. »*
> *[Emmanuel Bouvet, cofondateur]*

Local commun et cause commune, la naissance d'un concept

En 1998, Jean-Pierre Derouet et Emmanuel Bouvet partagent donc un bâtiment en commun dans la ville d'Allonnes, tout près du Mans. Economie foncière, optimisation du transport... les deux commerces partagent une entrée commune mais font encore chambre à part. Pourtant, les clients leur font remarquer que c'est super de trouver leurs produits respectifs dans un même lieu. Une idée naît, un mur tombe, les deux magasins fusionnent. C'est le début de l'aventure « V and B ».

L'idée émerge donc en Sarthe, mais elle se concrétise en Mayenne. C'est à Château-Gontier qu'ils ouvrent leur premier magasin en commun, en reprenant leur idée d'origine : une cave propose des produits à acheter et un bar permet de les déguster.

> *« Notre véritable valeur ajoutée, c'est la convivialité. Un V and B, c'est un lieu de rencontre. On y trouve de la chaleur humaine et de la mixité sociale ; c'est ce qu'on trouvait avant au café du coin. »*
> *[Emmanuel Bouvet, cofondateur]*

Pour favoriser cette convivialité, le magasin de Château-Gontier réinvente tout son mobilier. Du bois, parce que c'est chaleureux, seulement quelques chaises autour du bar, pour que les clients puissent se déplacer librement. Avec des tonneaux à la place des tables, pour que les gens puissent aussi se regrouper et se rencontrer.

Autre consigne : le V and B ferme à 20h, parce que c'est un magasin, pas un bar de nuit. L'idée générale, c'est de proposer un « afterwork », c'est-à-dire un lieu de détente après le travail, mais avant de rentrer chez soi, pour boire un verre entre collègues ou amis et partager un bon moment.

> *« Ce qui est important, c'est la notion de plaisir et de partage. A l'école, il n'y avait ni plaisir ni partage. Dans l'intérim, il n'y avait ni plaisir ni partage. Chez V and B, on a voulu retrouver ça : la convivialité, le plaisir et l'échange. »*
> *[Jean-Pierre Derouet, cofondateur]*

A PRENDRE OU À LAISSER !

L'alchimie de l'association

Au moment de lancer une entreprise, trouver le bon associé est un enjeu de taille. Car l'adage est connu : tout seul, on va plus vite, mais ensemble, on va plus loin. Néanmoins, se planter sur le choix de son associé, c'est aussi multiplier les chances de planter sa boîte.

Le premier risque, c'est de prendre quelqu'un qui nous ressemble trop : quand tout le monde pense la même chose, il est probable que personne ne pense plus grand-chose...Le deuxième risque, c'est de faire l'inverse en choisissant un partenaire aux antipodes, si on n'est pas aligné sur l'objectif et les valeurs, les disputes vont rapidement surgir et le projet va en pâtir. Ainsi, l'idéal est de trouver un associé différent voire complémentaire, mais qui partage notre vision de l'entreprise et notre enthousiasme pour l'aventure à venir.

Un exemple facile à prendre est celui de Steve Jobs et Steve Wozniak, les deux fondateurs d'Apple. Le premier est un champion du design et du marketing tandis que le second est un spécialiste de la recherche et du développement, les deux hommes ayant suffisamment de points communs pour entretenir une amitié durable et l'envie de révolutionner le secteur de la micro-informatique. On est ainsi proche de l'image du yin et du yang : des qualités qui s'épousent et se complètent pour former une harmonie globale.

Cette notion d'harmonie n'est pas du bla-bla new-age, elle est essentielle à la pérennité de l'entreprise. Car deux génies qui se complètent mais ne s'entendent pas ne pourront jamais travailler durablement vers un avenir commun. Cela pose donc la question

A PRENDRE OU À LAISSER !

LES 4 DIMENSIONS DE LA CONFIANCE

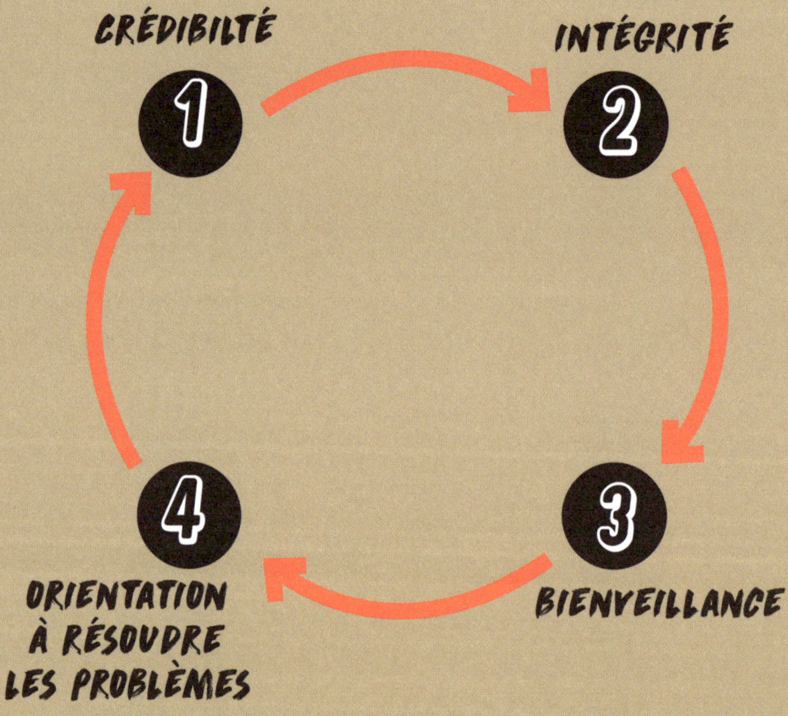

de la confiance, mais aussi celle de la gestion des egos et du partage des valeurs. Car un socle de valeurs crée une culture spécifique à l'entreprise dès le début, une sorte de terreau dans lequel le projet va s'enraciner. Et il n'y a pas besoin d'être un jardinier aguerri pour deviner qu'en fonction du terreau, on n'obtiendra pas les mêmes plantes...

Dès lors, comment faire ? Eh bien c'est tout le problème, il n'y a pas de recette ! Il faut faire confiance à son instinct, avec un principe de base emprunté à Robert de Niro dans le film Ronin : « s'il y a un doute, c'est qu'il n'y a pas de doute. » En substance, si vous sentez que ça ne va pas le faire avec telle ou telle personne ou pour telle ou telle raison, inutile de vous convaincre du contraire, car ça va finir par éclater au moment qui vous sera le moins profitable.

Néanmoins, une relation d'associés peut aussi se construire et quelques outils existent. Le professeur David Maister de la Harvard Business School a notamment travaillé sur les 4 dimensions de la confiance, qui doivent servir de base à toute relation :

- La crédibilité, c'est-à-dire le savoir-faire des personnes, mais aussi la vraisemblance de ce savoir-faire. Ainsi, on prétend parfois que l'habit ne fait pas le moine, mais on aura toujours tendance à trouver étrange qu'un banquier se présente en short ou qu'un prof de karaté donne son cours en tenue de football...

- La fiabilité et l'intégrité, c'est-à-dire la probabilité que les personnes respectent leurs engagements dans la durée. Par exemple, un agent commercial qui arrive toujours en retard donnera une image peu fiable du respect de ses engagements auprès de ses clients.

- L'intimité et la bienveillance, c'est-à-dire le sentiment des personnes ouvrant la possibilité de se confier et de parler de choses plus personnelles, y compris de leurs éventuels problèmes. Ce n'est pas du détail : la vie privée d'une personne a toujours un impact sur sa performance professionnelle, donc savoir quand votre associé va bien ou mal n'est pas superflu.

- Les motivations personnelles et l'orientation de chacun à résoudre les problèmes, c'est-à-dire la capacité à faire passer l'intérêt commun avant sa convenance personnelle et de soutenir son partenaire lorsqu'il est en difficulté, même si cela réclame un surplus de temps ou d'énergie.

Bien sûr, il faut du temps pour que ces choses se révèlent. En fonction des situations, cela se fait par hasard ou cela se construit. Mais ces 4 piliers sont assurément des points sur lesquels s'attarder avant de s'associer avec quelqu'un lorsqu'on lance son entreprise.

Dans le cas de Manu et Jean-Pierre, leur proximité s'est construite au fil du temps puisqu'ils ont partagé un bâtiment dès 1998 mais n'ont créé leur premier magasin ensemble que trois ans plus tard. Et les 4 dimensions de la confiance se retrouvent dans leur relation :

- Concernant la crédibilité, ils sont tous les deux entrepreneurs et dirigent des affaires qui fonctionnent.
- Concernant l'intégrité, ils sont voisins pendant plusieurs années avant d'être associés, donc ils se connaissent et s'évaluent avec le temps.
- Concernant la bienveillance, ils la constatent au fil de leurs discussions et de la construction de leur amitié.
- Concernant l'orientation de chacun à résoudre les problèmes, ils peuvent l'éprouver au fil des difficultés ou des imprévus de l'un ou de l'autre dans son activité initiale.

A noter que l'aventure V and B s'étant construite assez naturellement entre les deux hommes, ils n'ont pas pris le temps de rédiger leur socle de valeurs, ce qui peut constituer un regret. En effet, ce qui semble logique entre deux partenaires peut se diluer avec le temps et la croissance de l'entreprise, lorsque les effectifs atteignent plusieurs dizaines ou plusieurs centaines de collaborateurs. Il devient alors plus difficile de retourner aux sources pour écrire les valeurs fondatrices du projet.

Pourtant, c'est un exercice que je vous encourage à faire, car coucher sur le papier les valeurs originelles et fondamentales d'une entreprise offre ensuite un document de référence qui permet d'aligner à la fois sa marque, son management, son organisation, son recrutement, etc. C'est un outil important car les valeurs sont magnétiques, ce qui permet d'attirer des gens alignés sur le projet tout en décourageant ceux qui ne s'y retrouvent pas. On gagne donc en temps et en efficacité, en cohésion et en solidarité.

A PRENDRE OU À LAISSER !

#1

UN SOCLE DE VALEURS CRÉE UNE CULTURE SPÉCIFIQUE À L'ENTREPRISE DÈS LE DÉBUT.

#2

COUCHER SUR LE PAPIER LES VALEURS ORIGINELLES ET FONDAMENTALES D'UNE ENTREPRISE OFFRE ENSUITE UN DOCUMENT DE RÉFÉRENCE QUI PERMET D'ALIGNER SA MARQUE, SON MANAGEMENT, SON ORGANISATION ET SON RECRUTEMENT. DÈS LORS, TOUT VA PLUS VITE !

- 2 -

Créer son terrain de jeu

Ce n'est pas une cave, ce n'est pas un bar... c'est un cave-bar ! La spécificité du concept de V and B, c'est de penser les choses à l'envers. Classiquement, au-delà des bistrots d'antan et des nouveaux petits cavistes qui font florès, il existe aussi des bars dans lesquels on peut acheter une bouteille de ce qu'on vient de consommer en allant faire un tour dans la cave qui se trouve au fond de la salle. A l'inverse, V and B propose un espace de vente composé d'une cave à vins, bières et spiritueux, doublé d'un espace bar dédié à la découverte et à la dégustation. Mais on entre dans le magasin par la cave, et non par le bar (d'où la notion de « cave-bar »).

Des produits et des hommes

Ainsi, les magasins V and B sont construits autour de la convivialité et des produits : 350 bières, 300 vins, 200 whiskies, 100 rhums... rien que ça ! De la petite abbaye en Autriche au plus haut vignoble du monde en passant par les célèbres distilleries du Japon, l'objectif du groupe est de proposer des produits de qualité à déguster, offrir ou partager. Pour maintenir un haut niveau de sélection et assurer la formation des franchisés, V and B s'est notamment adjoint les services de Franck Thomas, meilleur sommelier de France et d'Europe.

Mais V and B n'est pas qu'un lieu de consommation, c'est aussi un lieu de partage et de rencontre, qui propose une ambiance chaleureuse et conviviale, parfois un peu folle, où chacun s'y retrouve et où des communautés se créent. Ainsi, l'expression « VandBiste » désigne toute personne fréquentant plus ou moins régulièrement un V and B, près de chez lui ou en déplacement, après le travail ou en vacances. Certains se font même tatouer le logo de l'enseigne ; c'est ce qui s'appelle avoir la marque dans la peau !

Pour autant, l'idée n'est pas de bâtir une confrérie de piliers de bars. Avec une fermeture entre 20h et 20h30, V and B s'inscrit dans l'ère de l'afterwork, cette tendance qui plaît et qui rassemble toutes les générations en fin de journée, autour d'un verre.

> *« Aujourd'hui, tout le monde sait ce qu'est un afterwork, mais en 2001, ce n'était pas gagné... C'est marrant de se dire que c'est une petite boîte dans un bled comme Château-Gontier qui a importé cette culture en France, alors que c'est quelque chose qui a une image très urbaine désormais. Hey les gars, on était là avant ! (rires) »*
> *[Jean-Pierre Derouet, cofondateur]*

En salle, on ne trouve pas de table et peu de chaises, seulement quelques tabourets près du bar. L'idée, c'est de favoriser les échanges et la mixité, chacun pouvant se déplacer facilement à la rencontre d'un groupe ou d'un autre, pour déguster une boisson ou un saucisson autour d'un grand tonneau. Et pour animer tout ça, de nombreux événements sont organisés, comme des soirées à thèmes, retransmissions sportives, concerts… Le partage et la convivialité sous toutes leurs formes.

Lorsque la cloche d'un magasin résonne, elle annonce la fin imminente du service (et l'urgence de commander un dernier verre pour les retardataires). Inutile de négocier : les clients sont gentiment invités à finir leur consommation et à rentrer à la maison.

Et pour faire vivre son concept, V and B propose bien sûr de nombreux produits mais aussi des idées cadeaux pour toutes sortes de célébrations : fête des pères, anniversaire, Noël… quelle que soit l'occasion, il y a toujours une bonne idée cadeau chez V and B ! Outre le traditionnel calendrier de l'avent pour les fêtes de fin d'année, ce sont notamment les coffrets qui ont la côte depuis quelques années. Et là aussi, il est possible d'inventer de nouvelles choses, par exemple avec des tubes à essai proposant de déguster différents types de rhum ou de whisky : tourbé, riche, gourmand, léger…

Une idée sympa pour explorer des univers pas toujours très connus.

Outre la culture du produit à proprement parler, V and B s'implique dans la vie locale et associative, en accompagnant ses clients dans l'organisation d'évènements privés, sportifs ou associatifs. Il est ainsi possible de louer une tireuse à bière pour animer un bar ou d'obtenir des produits originaux pour des soirées à thème. Et non content de s'impliquer dans son environnement local, V and B s'engage aussi pour l'environnement tout court : la plupart des bières utilise des bouteilles consignées, ce qui signifie qu'elles sont triées et nettoyées avant d'être réutilisées ! Un geste qui n'est pas anodin puisque ça représente pas moins de 35 000 palettes de consignes triées sur une année.

Des points faibles ou des points forts ?

Malgré le succès de l'enseigne, il est amusant de constater que les nouveaux visiteurs d'un magasin sont parfois un peu surpris et s'interrogent sur le concept. Ne rougissez pas : j'ai fait exactement la même chose… et j'ai régulièrement ce genre de discussions avec des amis qui ont découvert V and B par hasard lors d'une soirée ou d'un déplacement. Les plus bavards sont intarissables sur les points faibles du concept : « on voulait se poser pour boire un coup mais y'a pas de chaises », « le mec n'a pas voulu nous faire des mojitos » et autres « on voulait y passer la soirée et se mettre une caisse mais ça ferme vachement tôt ! »

Pourtant, ces « points faibles » apparents sont en fait les points forts du concept. D'une part, ils forment un réel élément de différenciation. D'autre part, ils participent à l'ambiance familiale et conviviale que V and B souhaite créer dans ses magasins.

Ainsi, le fait qu'on trouve peu de chaises dans un V and B n'est pas le fruit du hasard. Cela permet de proposer un espace ouvert dans lequel les gens peuvent circuler plus librement, sans se gêner mutuellement en se faufilant derrière une tablée. D'ailleurs, en entrant dans un V and B vers 17h ou 17h30, on y croise parfois des enfants qui jouent ensemble et sans entrave en buvant leur jus d'orange pendant que leurs parents dégustent une mousse entre amis autour d'un tonneau. Si on compare au schéma classique d'une grande table où chacun est figé et où les enfants trépignent sur leur chaise, c'est quand même beaucoup plus sympa pour tout le monde !

> *« Dans le concept V and B, il y a l'idée de la convivialité et des rencontres. Or nos situations géographiques font que beaucoup de nos clients se connaissent. C'est beaucoup plus simple d'aller saluer un pote en faisant trois pas sur le côté que de devoir se lever et se faufiler entre trois rangées de chaises pour lui tendre la main au-dessus de la tête de quelqu'un d'autre. On a pensé à promouvoir la convivialité jusque dans l'architecture de nos magasins. »*
> *[Christophe Thual, directeur des ressources humaines]*

Par ailleurs, avoir moins de chaises est aussi une stratégie commerciale qui n'est pas neutre et qui permet d'améliorer la fréquentation des magasins :

- Premièrement, on peut accueillir plus de personnes debout que de personnes assises.
- Deuxièmement, on boit généralement plus vite son verre quand on est debout que lorsqu'on est assis, ce qui favorise le turn-over des clients en magasin.
- Troisièmement, le fait d'éviter des grandes tablées empêche que des groupes se forment et traînent pendant des heures en multipliant les consommations… et les conséquences qui vont avec.

Sur ce dernier point, la vision à court terme serait de se dire que c'est bon pour le tiroir-caisse, mais la vision à long terme nous dit que c'est typiquement le genre de clients qui peut poser problème en fin de soirée et qu'on peine à raccompagner vers la sortie.

Enfin, ce qui surprend parfois les clients, c'est l'heure de fermeture des magasins : tout le monde est dehors à 20h ou 20h30 dernier carat, et pas question de déroger à la règle. Si cela peut heurter le nouveau visiteur qui espérait jouer les piliers de bar avec ses copains le temps d'une soirée, c'est précisément le sujet ! En fermant tôt, on empêche les situations de suralcoolisation qui ne seraient agréables pour personne.

Thomas Marquet, qui fut le plus jeune franchisé du groupe en ouvrant son magasin à tout juste 23 ans dans la ville de La Flèche, se souvient qu'il

Nos clients doivent rentrer en voiture donc on préfère qu’ils ne boivent qu’un verre et qu’ils reviennent le lendemain plutôt qu’ils surconsomment et qu’ils aient des problèmes. C’est aussi ça, prendre soin de ses clients.

Emmanuel Bouvet
Cofondateur

a fallu un petit temps d'acclimatation pour que les clients comprennent les horaires des magasins.

> *« Au départ, tu mets 60 personnes dehors à 20h donc il faut faire accepter le concept Le secret, c'est la joie et la bonne humeur ! On explique les choses et on invite les gens à revenir le lendemain. La confiance s'installe avec le temps et les clients comprennent l'intérêt de nos horaires. Car avec une fermeture à 20h, on évite les comportements d'alcoolisation excessive. Ça permet de maintenir l'ambiance conviviale des magasins, ce qui devient toujours compliqué quand tu as un type alcoolisé qui se met à ennuyer tous les clients. Et ça permet d'éviter les problèmes à la sortie ou sur le parking, donc on reste à la fois les amis des habitants et les amis des pouvoirs publics. »*
> *[Thomas Marquet, franchisé depuis 2007]*

Autre sujet d'importance lié à l'horaire de fermeture : les magasins V and B sont situés en périphérie des villes, généralement dans des zones industrielles ou des zones d'activités commerciales. Il est rare que les clients puissent rentrer à pied donc il est préférable de limiter la consommation d'alcool avant de prendre le volant.

> *« Les gens doivent rentrer en voiture donc on préfère qu'ils ne boivent qu'un verre et qu'ils reviennent le lendemain plutôt qu'ils surconsomment et qu'ils aient des problèmes. C'est aussi ça, prendre soin de ses clients. »*
> *[Emmanuel Bouvet, cofondateur]*

Enfin, il y a l'épineuse question du respect du concept par les franchisés. Il faut parfois procéder à quelques rappels à l'ordre sur l'agencement, le service, les horaires… mais pour l'instant, il n'y a eu qu'un seul départ. Et pour cause: un franchisé de la région de Caen a transformé son magasin en espace de restauration, avec nappes vichy sur les tables et cuisine et fourneaux derrière la cave. A l'expiration du contrat de franchise, le franchiseur et le franchisé se sont donc séparés d'un commun accord, mais cela reste un cas isolé dans l'histoire de V and B.

L'inévitable question de la concurrence

Si le concept est rôdé et que la croissance du groupe est soutenue, le fait est que V and B n'est pas la seule enseigne sur le marché. De plus en plus de concurrents apparaissent et lorgnent sur leur part du gâteau.

« En 2001, quelque part, c'était facile. On avait un concept novateur et on avait du mal à convaincre les banquiers, mais on était les seuls sur le marché donc on pouvait avancer sans se soucier du voisin. Aujourd'hui, il faut aussi qu'on tienne compte de l'environnement et de la concurrence mais ça ne va pas nous arrêter ! »
[Jean-Pierre Derouet, cofondateur]

Car précisément, si en 2001, le concept pouvait sembler un peu farfelu aux observateurs, 10 ans plus tard, les résultats sont là ! Et puisqu'il y a un marché, pas étonnant que des copieurs apparaissent…

« On ouvre 25 magasins par an mais on reçoit 1000 candidats dans le même laps de temps, donc on créé notre propre concurrence. Ceux qu'on ne retient pas chez nous essayent d'ouvrir dans une autre franchise ou de monter leur truc indépendant, c'est normal. La concurrence est une bonne chose car ça nous tient éveillés et ça évite de s'endormir sur nos lauriers. »
[Emmanuel Bouvet, cofondateur]

20 ans plus tard, si V and B continue sa croissance et que ses magasins se portent bien, les concurrents se multiplient également. Il suffit d'arpenter les périphéries des villes pour voir les enseignes fleurir, parfois à quelques dizaines de mètres l'une de l'autre.

« En 2018, on a ouvert 30 magasins mais des dizaines de concurrents sont apparus la même année. Certains franchisés le sentent passer mais on n'a aucune fermeture de magasin à déplorer depuis le début de l'aventure, et on ne compte pas commencer maintenant. Et pas certain que la concurrence puisse nous suivre sur les nouvelles ouvertures en centre-ville… »
[Basile Bréhin, développeur V and B centre-ville]

Ce qui est surprenant quand on découvre cet univers, c'est effectivement qu'il y a de plus en plus de concurrents, qui sont soit des indépendants, soit des franchises plus petites, mais que ces concurrents ne cherchent pas vraiment à se distinguer. Ainsi, certains poussent l'art de la copie jusqu'au sous-titre « cave et bar »... sans pour autant proposer de vins et spiritueux à leur clientèle.

> *« Ce que je garde toujours en tête, c'est que lorsqu'on a commencé le Palais de la Bière en 1994, on n'avait pas de concurrent et personne ne buvait de la bière. Aujourd'hui on a plein de concurrents mais le Palais de la Bière est toujours là ! Si tu gardes un état d'esprit positif, la concurrence, ça te permet d'être encore meilleur, car tu ne peux pas te reposer sur tes lauriers et te laisser dépasser. Donc chaque concurrent qui ouvre nous met un coup de boost ! »*
> *[Sandrine Bouvet, assistante de direction]*

Si on peut trouver cette attitude incroyablement optimiste, c'est peut-être parce que ceux qui copient le concept ne copient pas l'exigence de qualité qui va avec. Par exemple, le staff des autres enseignes n'a pas forcément le même niveau de formation et d'information que les franchisés et les salariés de V and B. Ainsi, pour écrire ce livre, je me suis amusé à aller dans plusieurs de ces établissements et commander une bière « Levrette », qui est une création V and B (nous y reviendrons dans le chapitre 3). Après avoir été servi, j'ai systématiquement demandé au serveur s'il savait qu'il venait de me servir un produit fabriqué par la concurrence. La réponse a toujours été non... ce qui n'a pas manqué de me surprendre !

> *« La concurrence est réelle mais ça ne doit pas nous faire peur. Déjà, c'est une concurrence relative : les autres franchises ont une vingtaine de magasins alors qu'on en a 10 fois plus. Ensuite, je suis rentré chez plusieurs concurrents et je n'ai pas été impressionné. Il faut rester modeste mais on est tellement exigeant sur la qualité que c'est aussi ça qui fait la différence. Souvent, on nous concurrence sur les horaires, mais ce n'est pas là que ça se passe. Rien ne remplace la qualité du service, la qualité des produits et la qualité de l'ambiance ! C'est donc un réel enjeu pour nous de maintenir cette exigence de qualité. »*
> *[Antoine Porcher, directeur général]*

> Souvent, on nous concurrence sur les horaires, mais ce n'est pas là que ça se passe. Rien ne remplace la qualité du service, la qualité des produits et la qualité de l'ambiance !

Antoine Porcher
Directeur général

À PRENDRE OU À LAISSER !

La création du concept

Je suis né en 1984. Depuis que j'ai l'âge de parler et de réfléchir (ce qui est arrivé tard, je le confesse), les adultes m'expliquent que tout a déjà été fait et qu'on ne peut plus rien inventer. Pourtant, depuis le début des années 80, de nombreux artistes ont innové et sont devenus des stars mondiales grâce à leur style particulier : Daft Punk, George R.R. Martin, Yo-Yo Ma, Luc Besson, Lady Gaga, JK Rowling, Banksy, Limp Bizkit, Lana et Lilly Wachowski…

Et du côté des entrepreneurs ? Eh bien il y en a encore plus :

- Bill Gates, le fondateur de Microsoft
- Steve Jobs, son meilleur ennemi à la tête d'Apple
- Richard Branson, le charismatique inventeur de Virgin (médias, transports, sodas, téléphonie mobile, tourisme spatial...)
- Howard Schultz, qui a démocratisé le café hors de prix (Starbucks)
- Peter Thiel, qui a inventé Paypal (paiement en ligne)
- Jeff Bezos, le patron du plus grand magasin du monde (Amazon)
- Jack Ma, son alter ego chinois (Alibaba)
- Larry Page et Sergey Brin, les cofondateurs de Google
- Xavier Niel, qui a inventé le quadruple-play et repensé l'éducation (Iliad / Free / 42)
- Colin Huang, patron d'un groupe spécialisé dans achats groupés à très bas prix (Pinduoduo)
- Elon Musk, qui fabrique des voitures électriques (Tesla) et des fusées réutilisables (SpaceX)
- Mark Zuckerberg, le meilleur ami de votre vie privée (Facebook)

- Kris Jenner, qui a transformé sa vie de famille en business (Kardashian)
- Satoshi Nakamoto, le mystérieux inventeur des crypto-monnaies (bitcoin)

Et la liste pourrait s'allonger à l'infini, ce qui est la preuve d'une chose : on peut encore tout inventer, en particulier l'avenir. Mais pour cela, il faut bien sûr créer un nouveau concept, car copier le voisin n'est pas toujours la meilleure idée au monde (encore que cela peut fonctionner, puisque Jack Ma a dupliqué le concept d'Amazon… mais en l'emmenant sur un marché non-occupé de plus d'un milliard de clients potentiels !).

La meilleure façon de procéder pour inventer un concept, c'est sans doute de s'inspirer de V and B : faire tomber les murs ! Car même à l'heure du numérique et des logiques transversales si chères aux consultants, le fait est qu'on vit encore dans un monde en silos, or les gens et les idées se rencontrent en faisant des ponts. Pour cela, il y a une technique américaine qui porte un nom amusant : « idea sex ».

Basiquement, cette technique consiste à mixer deux idées pour qu'elles se rencontrent afin d'accoucher une troisième idée qui serait un concept nouveau. Pour prendre l'exemple de V and B : une cave, un bar, une cave-bar. Simple à comprendre, simple à expliquer.

Par exemple, vous pourriez avoir envie de réaliser un film dans lequel un assassin amnésique rencontre l'amour dans un quartier bourgeois tout en étant poursuivi par son ancienne vie. Le concept : « quand Jason Bourne rencontre un Coup de Foudre à Notting Hill. »

Pour une base théorique plus solide, vous pouvez vous référer aux travaux de Jean-Noël Kapferer, professeur émérite à HEC. Selon cet expert de renommée internationale sur l'identité des marques, il est important de bien penser son concept afin de construire et renforcer sa marque. Ainsi, la vision de votre concept sera une ligne directrice dans toutes vos actions, ce qui vous évitera de vous éparpiller et renforcera votre efficacité.

Pour bien faire, ne tentez pas de conquérir l'univers dès le début. Inspirez-vous de la méthode Lean Startup, qui repose sur la vérification de la validité des concepts. Un bien grand mot qui veut dire une chose simple : tester d'abord votre concept auprès des clients avant de le lancer à grande échelle, afin de minimiser les coûts et les risques. Cela vous permettra en plus d'améliorer votre idée initiale en prenant en compte les retours des clients, en identifiant à la fois les bonnes pratiques et les écueils à éviter. Ne perdez pas de vue ce qui est dit dans ce chapitre : quand un client râle sur quelque chose, c'est un seul avis ; si plusieurs clients vous font la même remarque, ils ont peut-être raison... mais n'oubliez pas non plus que ce qui pourrait apparaître comme une faiblesse est peut-être votre force. La force d'un concept est aussi d'assumer la différence comme un point fort.

Dans le cas de V and B, le concept a été testé en deux fois : d'abord dans les locaux d'Allonnes en rapprochant la cave à vins de Jean-Pierre Derouet avec le bar à bière d'Emmanuel Bouvet, puis avec l'ouverture du premier magasin sous bannière commune à Château-Gontier. Sur cette base qui visait à tester les réactions des clients et la viabilité économique du concept, l'enseigne a pu capitaliser sur les premiers retours pour affiner son offre et développer ses magasins.

Et l'innovation peut se faire de bien des façons. Ainsi, même si le concept de cave-bar était innovant en tant que tel et que les éléments matériels (agencement) ou immatériels (heures d'ouverture) avaient un rôle à jouer, la réflexion ne s'est pas arrêtée là. Par exemple, à l'heure où tout s'achète sur Internet, quel supplément d'âme peut offrir un magasin physique ? La réponse se trouve dans l'expérience client et dans l'ambiance des magasins : V and B vend avant tout de la convivialité.

Tout peut se résumer en deux questions sur l'intention et l'attention :

- Quelle est votre intention ?
- En conséquence, quels doivent être vos points d'attention ?

Pour V and B, l'intention étant de fournir une super expérience client, il faut accorder de l'attention à l'expérience collaborateurs. La convivialité est avant tout un état d'esprit et un collaborateur heureux d'être là sera un collaborateur souriant. Aviez-vous aussi pensé à cela ?

A PRENDRE OU À LAISSER !

1 QUI ÊTES-VOUS ?	2 QUE FAÎTES-VOUS ?	3 QUELLE EST VOTRE VISION ?
4 QUELLES TENDANCES SURFEZ-VOUS ?	5 QUEL EST VOTRE TERRITOIRE DE MARQUE ?	6 QUEL EST VOTRE SECRET MAGIQUE ?
7 QUE DEVRIEZ-VOUS AJOUTER OU SUPPRIMER ?	8 QUI VOUS AIME ?	9 QUI EST VOTRE ENNEMI ?

«If you're not zagging...

Les 17 étapes de l'approche développée par Marty Neumeier dans son livre «ZAG». Des questionnements simples pour faire ressortir l'essentiel de votre entreprise. Même si certaines questions peuvent vous faire sourire, c'est une démarche accessible et dont il ressort toujours quelque chose d'intéressant. La méthode plutôt que l'aléa.

10
COMMENT VOUS APPELLENT-ILS ?

11
COMMENT VOUS PRÉSENTEZ-VOUS ?

12
VOTRE BOUCHE-À-OREILLE ?

13
COMMENT IMPLIQUER VOTRE COMMUNAUTÉ ?

14
QUELLES EXPÉRIENCES CLIENTS ?

15
COMMENT LES FIDÉLISEZ-VOUS ?

16
COMMENT ÉTENDRE VOTRE SUCCÈS ?

17
COMMENT PROTÉGER VOS MARQUE ?

ZAG !

...you're lagging !*»

**Si vous ne «zagguez» pas, vous traînez : votre unicité doit être une force pour vous différencier, si vous ne le faites pas, vous organisation est en danger.*

- 3 -

Lancer la machine

Fort de son concept attractif et convivial, le premier magasin V and B de Château-Gontier fait rapidement des émules.

> *« Avec la création du premier magasin en 2001, on s'aperçoit qu'on tient vraiment quelque chose. Des mecs viennent nous voir et nous demandent s'ils peuvent ouvrir un V and B dans leur ville. C'était un peu inattendu mais on n'allait pas dire non ! »*
> *[Jean-Pierre Derouet, cofondateur]*

Première étape : la licence de marque

Le concept de cave-bar part donc à la conquête de l'Ouest, avec des premières ouvertures à Angers, Rennes, Fougères, Vannes... Le duo d'entrepreneurs prend rapidement conscience qu'il faut cadrer les choses pour ne pas se laisser déborder. A l'époque, on est encore loin d'une franchise présente sur tout le territoire national, donc Jean-Pierre et Manu optent pour des contrats de licence de marque.

Cette formule juridique est un accord qui permet au titulaire d'une marque d'autoriser une autre personne à utiliser cette marque, moyennant le versement de redevances proportionnelles au chiffre d'affaires. Ce mode de fonctionnement est intéressant pour les deux parties : d'un côté, le titulaire de la marque cadre les modalités d'exploitation de son concept tout en favorisant le développement de son enseigne ; de l'autre côté, cela permet au nouvel arrivant de bénéficier d'un accompagnement fort et d'un cadre rassurant pour ouvrir son magasin.

Pour préparer ce livre, nous avons rencontré Olivier Allais, le plus ancien franchisé du réseau, qui a ouvert son magasin à Rennes en 2002 après avoir exploité un restaurant à Laval. Il se souvient de l'aspect artisanal des débuts, qui dénotait un peu dans un univers très réglementé.

> « *Au début, c'était vraiment du bricolage ! On n'avait pas vraiment de décoration ni de charte graphique, on improvisait tout au fur et à mesure qu'on avançait. On a inventé les étagères, la mise en rayon, la décoration On ne se prenait pas la tête et on y allait au feeling, tout le monde nous prenait pour des fous mais c'était vraiment une belle aventure !* »
> *[Olivier Allais, franchisé depuis 2002]*

Petit à petit, V and B s'implante donc dans les territoires et en 2007, le réseau compte 8 magasins tandis que le siège social ne compte que 7 salariés, centrale d'achats incluse. Arrive alors Antoine Porcher. C'est le beau-fils de Jean-Pierre Derouet et il a été biberonné à l'esprit V and B, puisqu'il bossait en extra dans le magasin de Château-Gontier pendant son BEP et son bac pro, et qu'il a participé à l'ouverture d'un V and B à Toulouse. En 2007, il a terminé ses études et revient de deux voyages en Californie et en Nouvelle-Zélande, où il a participé aux vendanges et à la vinification.

> « *Après plusieurs années en extra et à temps partiel, j'ai intégré V and B à temps plein en septembre 2007. En substance, je suis allé voir Jean-Pierre et Manu et je leur ai dit " voilà ce que je peux faire pour vous. " Mon objectif était clair : je voulais développer la franchise pour passer de 8 à 100 magasins !* »
> *[Antoine Porcher, directeur général]*

Le moins qu'on puisse dire, c'est que le jeune homme n'a pas froid aux yeux. Dans les perspectives, il ajoute aussi le développement à l'international pour vendre du vin et pose carrément sur la table l'idée de remplacer les deux cofondateurs à la tête de l'entreprise quelques années plus tard. C'est ce qui s'appelle avoir de la suite dans les idées…

Mais chaque chose en son temps. Pour commencer, Antoine propose de remplacer la chargée de communication et de former les franchisés, ainsi que de faire des visites régulières dans chaque magasin pour récolter des retours du terrain et améliorer les processus.

> *« Il y avait un côté couteau suisse pour tout le monde. On n'était que 7 dans la boîte mais j'ai toujours cru dans le truc ! J'étais boosté par l'ambiance et je voulais aller encore plus vite. »*
> *[Antoine Porcher, directeur général]*

Un an plus tard, Antoine explique à ses patrons qu'il souhaite recruter lui-même les prochains franchisés. L'idée est alors de mieux choisir les profils afin de maintenir l'esprit du début tout en commençant à structurer le groupe et les activités quotidiennes : animation du réseau, relations entre les magasins et le siège, visites de terrain, ouvertures des magasins, formation des équipes…

> *« Au départ, on n'avait pas de gros moyens et on faisait avec les moyens du bord. Aujourd'hui, c'est plus structuré et plus cadré mais on a gardé ce grain de folie et cette énergie des débuts. On est désormais plus de 220 magasins donc structurer le groupe était un vrai besoin ; on n'en serait pas là aujourd'hui si ce n'était pas aussi structuré, car ça apporte de l'efficacité. »*
> *[Thomas Marquet, franchisé depuis 2007]*

Deuxième étape : de la marque à la franchise

En 2010, V and B compte une vingtaine de magasins ; Antoine ne peut plus tout faire tout seul. L'arrivée d'un nouveau collaborateur, en la personne de Romain Rouxel, va donner un coup d'accélérateur à un groupe qui commence à être bien rôdé.

> *« Je me souviens de mon entretien d'embauche comme si c'était hier. Je ne buvais pas de café mais je n'ai pas osé dire non quand ils m'en ont proposé un, du coup je l'ai bu à la fin de l'entretien. Un café froid cul sec, ça réveille ! (rires) »*
> *[Romain Rouxel, directeur de V and B Concept]*

Alors qu'il est encore étudiant en master 2, Romain est donc recruté comme animateur réseau. C'est une création de poste, et il n'aura pas le temps de s'ennuyer. Son rôle ? Accompagner les magasins de leur ouverture jusqu'à leur développement, ce qui va de l'installation à la comptabilité en passant par la logistique, le management et la communication.

> *« J'étais le premier coach dans le réseau donc je devais couvrir tous les magasins à moi tout seul : Arras, Perpignan, Brest, Mulhouse.J'ai fait 60 000 kilomètres les 6 premiers mois ! A l'époque, je vivais encore à Rennes mais je n'ai pas beaucoup usé mon matelas ! »*
> *[Romain Rouxel, directeur de V and B Concept]*

La mayonnaise prend, car de fil en aiguille, V and B passe à une soixantaine de magasins. Beaucoup sont encore dans l'ouest de la France mais les ouvertures se multiplient sur l'ensemble du territoire. C'est alors que le groupe se restructure, en passant de la licence de marque à la franchise.

Factuellement, les magasins n'ont pas vu une grande différence de fonctionnement, mais cette nuance permet d'optimiser la gestion et de mieux préparer l'avenir, en inscrivant dans le marbre les droits et les devoirs des uns et des autres :

- Pour le franchisé, le droit d'exploiter la marque commerciale du franchiseur et son identité visuelle
- Pour le franchiseur, la garantie du respect de son concept, tel qu'il est défini dans le manuel opératoire de la franchise
- Pour le franchisé, la transmission du savoir-faire et de l'expérience du franchiseur, avec les meilleures pratiques identifiées dans son réseau
- Pour le franchiseur, un droit d'entrée et/ou des royalties basés sur le chiffre d'affaires de chaque franchisé
- Pour le franchisé, une assistance technique et commerciale par le franchiseur
- Pour tous, la garantie de l'indépendance des franchisés avec un fonctionnement en réseau structuré autour du franchiseur (centrale d'achats, communication...)

« Je pense que dans un réseau de franchise digne de ce nom, il y a quelque chose de plus : le franchiseur garantit la réussite du franchisé. »
[Jean-Pierre Derouet, cofondateur]

Devant une telle croissance, le tandem formé par Antoine et Romain souhaite créer V and B Concept, c'est-à-dire la branche « franchise » du groupe V and B. Cela suppose de tout cadrer, voire de tout recadrer : la sélection, la formation, la communication, le respect du concept dans les magasins...

« Le but, c'était de structurer tout ça pour offrir un service hyper qualitatif aux magasins. On partait du principe que si on offrait un super service aux franchisés, alors ils pouvaient offrir un super service aux clients. C'est un cercle vertueux qui bénéficie à tout le monde. »
[Antoine Porcher, directeur général]

La multiplication des magasins exige aussi un effort soutenu d'animation du réseau. Romain Rouxel ne peut pas passer son temps sur la route et optimiser le fonctionnement de la franchise en même temps. Il décide donc de structurer une équipe d'animateurs, nommés « coachs réseaux ».

« J'ai monté l'équipe de coachs au fur et à mesure, en découpant le territoire par grandes régions. D'ailleurs, le cinquième coach que j'ai recruté est Florian Poupinel. Je l'ai fait venir à Bordeaux pour devenir coach dans la zone sud. Il a pris une forme de leadership assez naturellement, et il est devenu responsable national des coachs quand j'ai changé de fonction. »
[Romain Rouxel, directeur de V and B Concept]

Les hommes de l'ombre

Derrière cette réussite dynamique et cette croissance visible, il y a toute une ingénierie à laquelle on ne pense pas mais sur qui repose tout l'édifice : l'organisation de la logistique et des transports, indispensable pour assurer les approvisionnements, gérer les stocks et les bouteilles consignées. C'est dans l'immense entrepôt de V and B que ça se passe, à quelques centaines de mètres du siège social.

Ce n'était pas toujours optimal mais on avait un seul objectif : trouver une solution pour chacun.

Emmanuel Grudé
Responsable de l'exploitation logistique

> *« Au début, ça fonctionnait facilement comme on n'était pas nombreux. Avec la croissance, il a fallu s'adapter... Au début, on bidouillait des trucs à l'arrache, on s'arrangeait avec les bonnes volontés. Vu de l'extérieur, ça fonctionnait, mais vu de l'intérieur, on se demandait comment ça fonctionnait encore ! »*
> *[Jean-Pierre Derouet, cofondateur]*

Là aussi, les choses se sont faites au fur et à mesure, notamment avec l'aide de David Piquet. Arrivé en 2007 dans l'entreprise comme magasinier-cariste, il s'est petit à petit essayé à d'autres missions, comme la modernisation du système de commandes via un logiciel informatique. En 2009, il a pris plus de responsabilités pour devenir chef d'équipe logistique, puis il a commencé à gérer la relations client jusqu'à devenir responsable logistique à partir de 2010-2011.

> *« Il y avait un gros développement du réseau donc il a aussi fallu développer le transport ; ça multipliait les camions et les kilomètres car les magasins étaient de plus en plus loin. Et comme il y a aussi une législation particulière sur le transport, on a identifié de nouveaux besoins. »*
> *[David Piquet, directeur logistique et transport]*

Or chez V and B, un nouveau besoin n'est pas un problème, c'est une opportunité. Plutôt que de continuer à bricoler, une décision simple mais surprenante est prise : il faut créer une entreprise de transport ! Sur le papier, cela n'offre que des avantages : changement de convention collective, meilleure négociation avec les sous-traitants en transports, meilleure couverture sociale et professionnelle pour les chauffeurs, et tout simplement meilleure maîtrise du métier du transport routier.

> *« C'est typique du fonctionnement de V and B. Au début, on bricole un peu pour comprendre comment ça fonctionne, et c'est vrai qu'on a fait les premières livraisons avec des camions pourris. Puis on sent qu'il y a besoin de faire évoluer les choses et aujourd'hui, on a une boîte de transport ! Tous les gens du début ont évolué mais ils sont restés eux-mêmes, c'est la preuve que l'entreprise fonctionne bien. »*
> *[Olivier Allais, franchisé depuis 2002]*

Reste à trouver un gérant pour cette société, ce qui signifie une personne titulaire de l'attestation de capacité de transport de marchandises, qui est un examen obligatoire à passer pour diriger une entreprise de transport. Dans un groupe qui aime faire monter ses collaborateurs en compétence, inutile de chercher bien loin : David décide de s'en occuper et d'obtenir cet examen.

> *« Je me suis renseigné sur la procédure pour obtenir l'attestation, je me suis inscrit en formation et j'ai passé l'examen quelques mois plus tard. Sur 850 candidats au départ, on est 110 à l'avoir obtenu. J'ai eu les résultats en décembre 2012 et on a créé Truck VB en janvier 2013, on n'a pas perdu de temps ! »*
> *[David Piquet, directeur logistique et transport]*

Outre les transports, une épineuse question reste à gérer si V and B ne veut pas être stoppé net dans son ascension : comme les marchandises viennent de partout dans le monde, on ne peut pas faire n'importe quoi lors de l'importation, car les services douaniers ont la dent dure en cas d'infraction. Le groupe doit donc procéder à la mise en place d'un entrepôt douanier pour stocker des marchandises venant hors des frontières de l'Union européenne.

> *« Ce n'est pas qu'un détail car le régime de l'entrepôt douanier permet de s'acquitter de nombreuses impositions pendant la durée du stockage, comme les droits de douane ou la TVA. »*
> *[Linda Robiche, directrice administrative et fiscale]*

Les avantages étant nombreux, les contrôles sont à la hauteur. Mais c'est encore en interne qu'on est le plus vigilant, car toute erreur pourrait coûter cher. Outre la sanction financière pouvant émaner des douanes, la valeur totale du stock est de quelques millions d'euros. Il n'est donc pas question de laisser les portes ouvertes ni d'y circuler comme dans un moulin.

> *« La douane nous rend souvent visite mais le premier douanier dans l'entrepôt, c'est moi. Si un truc déconne, je serais le premier à me faire taper sur les doigts. Donc je fais en sorte que ça ne déconne pas. Et tous les gars de l'entrepôt sont bien conscients des enjeux, donc on fait*

notre travail avec rigueur. »
[Emmanuel Grudé, responsable de l'exploitation logistique]

Un travail qui n'a rien d'une sinécure. Au mois de juin 2018, ce ne sont pas moins de 540 fûts de bière qui quittent l'entrepôt chaque jour, soit l'équivalent d'un camion complet. Sans oublier tous les autres produits, qu'il s'agit de bien répartir pour que tout arrive au bon endroit…

« L'été 2018 et le Noël suivant, les magasins ont bien fonctionné. Les franchisés étaient ravis mais les stocks ont été vidés donc ça a été chaud ! On avait anticipé l'activité donc on n'a pas été en rupture mais il est arrivé qu'on fournisse des fûts différents de ceux qui étaient souhaités parce qu'il fallait dépanner les magasins. Ce n'était pas toujours optimal mais on avait un seul objectif : trouver une solution pour chacun. »
[Emmanuel Grudé, responsable de l'exploitation logistique]

Le travail difficile mais indispensable de ces hommes de l'ombre est une des clés de la croissance insolente de V and B. Car la croissance ne s'est pas arrêtée avec les années. Avec 1000 candidats par an et une concurrence qui commence à s'affirmer, impossible de se reposer sur ses lauriers.

En 2015, Emmanuel Bouvet et Jean-Pierre Derouet ont donc commencé à préparer l'avenir du groupe en envisageant une diversification des activités et de nouveaux projets. Avec un changement majeur à la tête du groupe : en septembre 2015, Antoine Porcher est devenu directeur général et Romain Rouxel a pris la direction de V and B Concept.

« Lors du changement de direction en 2015, on était 80 salariés et on avait 100 magasins. On n'allait pas s'arrêter en si bon chemin : j'ai fixé comme objectif de doubler le nombre de magasins en 5 ans et on y est arrivé ! »
[Antoine Porcher, directeur général]

A PRENDRE OU À LAISSER !

Du magasin à la franchise : organiser un groupe structuré

La franchise connait un gros succès et draine de nombreux candidats. Pourtant, ce n'est pas le seul moyen (loin de là) de se mettre à son compte dans un cadre structuré et organisé. Du partenariat à la licence de marque en passant par la coopérative ou la commission d'affiliation, une demi-douzaine d'options s'offre aux candidats.

Ne vous laissez pas impressionner par les détails et les subtilités juridiques, car sur le papier, aucune formule n'est meilleure qu'une autre. Ce qui compte avant tout, c'est votre projet final, duquel découle ensuite les objectifs et les priorités.

La franchise

La franchise permet aux franchisés d'exploiter une marque ou une enseigne en s'appuyant sur une méthodologie et un savoir-faire qui ont fait leurs preuves, en contrepartie de droits d'entrée et/ou de royalties. Le franchisé reste indépendant mais bénéficie du soutien du franchiseur (conseils, formation, accompagnement…). C'est donc une bonne façon de monter son affaire tout en étant sécurisé pour le lancement et le développement de son business.

Le contrat de licence de marque

Le contrat de licence de marque permet au titulaire de la licence d'exploiter la marque du concédant, en échange d'une redevance indexée sur le chiffre d'affaires. Le contrat doit assurer la protection de l'image d'une marque et son usage tout en permettant au licencié de bénéficier d'un cadre rassurant pour ouvrir son magasin, avec l'exploitation de la notoriété de la marque tout en bénéficiant d'un accompagnement de la part du concédant.

Le partenariat

Le partenariat permet au partenaire de commercialiser les produits ou les services d'un distributeur tout en bénéficiant de son assistance, mais il n'y a pas d'obligation de transmission de savoir-faire par ce dernier. C'est donc un cadre beaucoup plus souple que la franchise, réservé aux entrepreneurs capables d'autonomie et d'initiative dans l'exploitation d'un concept qui a fait ses preuves.

Le commerce associé

Le commerce associé (dont la formule la plus connue est la coopérative) permet à plusieurs entreprises de regrouper leurs achats pour bénéficier de réductions d'échelle. Dans un cadre plus poussé, il peut également y avoir une mutualisation des moyens pour développer des outils de gestion, faciliter l'obtention de financements voire construire des entrepôts et financer les différentes opérations de publicité autour des marques exploitées par le réseau. C'est une formule qui peut être attractive mais elle nécessite souvent une bonne connaissance du métier et une forte capacité d'investissement ; ce n'est donc pas l'idéal pour se lancer dans une nouvelle activité.

La concession

La concession permet au concessionnaire de distribuer les produits d'un fabricant sur un territoire donné. Aucune obligation n'existe en matière de formation, d'accompagnement et de savoir-faire (mais cela peut faire partie du contrat), donc c'est surtout une formule à réserver aux professionnels possédant déjà leur clientèle ou capable d'en constituer une rapidement.

La commission d'affiliation

La commission d'affiliation permet au mandataire indépendant de distribuer les produits du mandant, avec une rémunération calculée sur un pourcentage du chiffre d'affaires réalisé. Une particularité cependant : le mandataire n'est pas propriétaire de son stock, il n'en est que le dépositaire (même s'il peut être propriétaire de son magasin). Ainsi, le mandant reprend sa marchandise en fin de saison, ce qui évite au mandataire d'avoir à financer son stock… mais limite aussi sa marge de manœuvre puisqu'il n'est pas maître de son offre.

Indépendamment de la formule juridique retenue, le fondateur de la franchise ou de la marque doit se concentrer sur un socle solide avant de développer son enseigne. Après tout, un colosse aux pieds d'argile est aussi solide que ses chevilles et risque de s'effondrer à tout moment…

Une telle démarche exige donc de s'interroger sur les valeurs qu'on souhaite porter, puis de les intégrer au coeur du concept et les décliner dans la stratégie de marque. Cela peut sembler un peu aérien, mais c'est finalement très concret. Par exemple, dans le cas de V and B, les valeurs du groupe sont centrées autour des rencontres et de la convivialité. Ces valeurs sont intégrées directement au concept (voir chapitre précédent) et se retrouvent directement dans le marketing :

- Promotion du slogan « partageur de bons moments »
- Création de « la tribu V and B », le programme de fidélité
- Organisation d'événements festifs pour les grandes occasions
- Mise en œuvre d'une communication décalée
- Animation des réseaux sociaux
- Invention d'une journée nationale des VandBistes
- Création d'un festival de musique en Mayenne

Toutes ces idées (et bien d'autres) permettent de donner une image forte à V and B en renforçant sa marque, c'est-à-dire aussi bien sa notoriété que les valeurs qui lui sont attachées. Dès lors, cet alignement entre les valeurs, le projet et le marketing devient un outil de développement et un levier de rayonnement pour la franchise : on sait pourquoi on vient chez V and B, que ce soit en tant que client ou en tant que franchisé. C'est peut-être moins le cas quand on entre dans un Burger King ou un Décathlon…

Ensuite, n'oubliez pas que la meilleure façon d'avoir des clients satisfaits est d'avoir des collaborateurs satisfaits, qu'il s'agisse des franchisés, des salariés en magasin ou aux équipes du siège social. Après tout, vos valeurs ne doivent pas se refléter que dans la qualité de votre service aux clients, mais aussi (et surtout) dans votre façon de gérer les équipes. Cela demande donc de progresser en même temps que votre enseigne, en développant un service de ressources humaines, en travaillant sur votre expérience collaborateurs ou en améliorant votre logistique.

Enfin, reste la question du contrôle. Qu'on parle de franchisés, de licenciés, de concessionnaires... Un réseau est constitué d'individualités particulières et de partenaires indépendants. Il est donc indispensable de fixer des indicateurs pour mesurer la réussite ou l'échec de votre enseigne en général et de chaque magasin en particulier. Croissance, utilité sociale, taux de remplissage, qualité des relations, chiffre d'affaires, indice de satisfaction, turnover, abonnements, attrition, absentéisme, participation aux formations... vous avez le choix !

Dernière question : ces indicateurs sont-ils en accord avec vos valeurs ?

A vous de le définir !

KPI

KILL MY PEOPLE IMMEDIATELY

Mals définis ou trop nombreux, les KPI peuvent vite se retrouver vides de sens...

Quand les occidentaux importèrent le concept de KPI en Chine, voici la traduction qui en a été faite : «Kill my People Immediately» (*tuez mes gens immédiatement*).

Le besoin de contrôle nous pousse parfois à multiplier les indicateurs pour nous rassurer.

Les adages sont pleins de sagesse...on ne peut courrir trois lièvres à la fois. En se concentrant sur un objectif fort et unique on a plus de chance de l'atteindre, et plus rapidement !

À méditer ;-)

- 4 -

S'ancrer dans le territoire

Avec plus de 220 magasins déjà ouverts partout à travers la France, il serait facile d'imaginer V and B comme un groupe implanté dans de luxueux bureaux de la région parisienne, quelque part entre Levallois-Perret et l'Esplanade de la Défense. Pourtant, ce n'est pas du tout le cas : le siège de l'entreprise est toujours dans sa ville de naissance, c'est-à-dire Château-Gontier, une sous-préfecture nichée au cœur de la Mayenne.

Discrète et dynamique Mayenne

L'image de la Mayenne, vue des grandes villes des Pays de la Loire que sont Nantes et Angers, c'est la ruralité dans sa plus belle caricature : la campagne, les arbres, des vaches, des champs et pas grand-chose à faire… Quelle erreur !

Bien sûr, on est loin de l'aspect un peu éthéré qu'on trouve parfois dans les grandes villes. Quand on découvre la Mayenne et les Mayennais, une forme d'authenticité saute aux yeux. « Sa nature préservée, ses rivières et ses étangs, son patrimoine ont façonné l'esprit mayennais qui défend l'amour du vrai, le contact direct avec la terre, la sincérité des relations et le partage » peut-on lire sur le site du portail du tourisme départemental. On ne saurait mieux dire.

D'ailleurs, la première fois que j'ai rencontré Antoine Porcher, le directeur général du groupe V and B, il portait un déguisement bavarois en animant la première fête de la bière organisée à Château-Gontier. Je m'amusais ouvertement de ce look inattendu et sa réponse fut limpide :

> *« En Mayenne, on fait les choses simplement. Tout le monde se connaît donc ça ne sert à rien de jouer un rôle. J'étais proche des gens avant de devenir DG donc je n'ai pas de raison de ne plus l'être parce que j'ai changé d'emploi. »*
> *[Antoine Porcher, directeur général]*

Force est de constater que si les Mayennais ne se prennent pas au sérieux, cela ne les empêche pas de faire les choses sérieusement et de s'imposer sur le plan régional ou national. Ainsi, dans ce département qui a vu naître Ambroise Paré ou le Douanier Rousseau ont aussi émergé de nombreuses personnalités politiques :

- Les plus anciens connaissent le nom de Robert Buron, qui fut député de la Mayenne avant d'occuper plusieurs postes de secrétaire d'État et de ministre dans les années 1950 et 1960 (sa fille Martine Buron a également été conseillère régionale, députée européenne et maire de Châteaubriant).
- Le célèbre et controversé Jacques Foccart, bras droit du général de Gaulle et secrétaire général de l'Élysée aux affaires africaines et malgaches de 1959 à 1974, est natif de Mayenne.
- Le plus discret François d'Aubert, qui a obtenu presque tous les mandats entre 1978 et 2014, se faisant élire député de Mayenne avant de devenir successivement conseiller municipal de Laval, vice-président du Conseil général de la Mayenne, vice-président du Conseil régional des Pays de la Loire, secrétaire d'État au Budget, maire de Laval, secrétaire d'État puis ministre délégué à la Recherche.
- Plus jeune, le sémillant Guillaume Garot doit également son ascension politique à la Mayenne puisqu'il a conquis un siège de conseiller général en 2004 (devenu conseiller départemental) avant de partir à la conquête de l'Assemblée nationale en 2007 puis de la mairie de Laval en 2008, ce qui lui a permis de devenir ministre délégué à l'Agroalimentaire de 2012 à 2014.

- Enfin, il y a aussi (et surtout ?) Jean Arthuis, que certains nomment encore « le patron », qui a été maire de Château-Gontier, président du Conseil général de la Mayenne, sénateur et eurodéputé tout en occupant de nombreux postes ministériels (dont celui de ministre des Finances).

Sur une note plus « people », notons aussi que l'éditorialiste politique Bruno Jeudy et l'ancienne première dame Claude Pompidou sont également natifs de Château-Gontier. The place to be !

Loin des ors de la République et de la lumière des plateaux de télévision, c'est une toute autre réalité qui se joue en Mayenne. Bien que regardé avec dédain par les milieux urbains, ce département est particulièrement dynamique du point de vue économique et peut se féliciter d'avoir un taux de chômage autour des 5,5%, soit le plus bas de la Région des Pays de Loire, qui est déjà le plus bas de France avec une moyenne régionale à 7% !

De nombreuses entreprises sont ainsi implantées en Mayenne et se portent particulièrement bien. Outre l'exemple du groupe Lactalis, qui a défrayé la chronique plusieurs fois ces dernières années et qui est piloté par le très discret Emmanuel Besnier (15ème fortune de France avec ses 2,5 milliards d'euros dans le portefeuille), plusieurs entreprises d'envergure nationale ou internationale ont implanté leur siège social en Mayenne :

- Actual Leader (intérim)
- Breger et Compagnie (transports)
- Dirickx (plus grand producteur français de clôtures)
- Gruau (carrossier de véhicules utilitaires)
- Gandon (transport routier)
- Jouve (imprimerie)
- Maisonneuve (négoce de produits métallurgiques)
- Mann+Hummel France (équipementier automobile)
- MPO (fabricant de supports de stockage : CD, DVD…)
- Rapido (fabricant de camping-cars et de mobile-homes)
- Séché (groupe spécialisé dans le traitement et la valorisation des déchets)
- Serap (troisième fabricant mondial de refroidisseurs à lait)
- Sodistra (solutions isothermes de traitement et ventilation d'air)

On pourrait ajouter à cette liste de nombreux établissements d'autres entreprises : Beauplet Languille (négoce de produits métallurgiques), ERMO (plasturgie), Garnier (bennes et élévateurs), GlaxoSmithKline (produits pharmaceutiques), Savencia (produits fromagers), SEB-Moulinex (électroménager), Thales Communications & Security (technologies de la défense), Thiol (charcuterie), Valeo (modules et systèmes intégrés pour l'industrie automobile)...

Un territoire d'innovation qui rayonne

S'il fallait se convaincre du rayonnement de ce microcosme discret, il suffit de regarder l'impact de ses réseaux. Par exemple, c'est l'entrepreneur mayennais Samuel Tual (patron du groupe Actual Leader) qui préside le Medef Pays de la Loire depuis octobre 2019. Il est donc le porte-parole des entreprises d'une région qui abrite également le Technocampus de Nantes, les 26 parcs d'activités et la Cité de l'objet connecté de l'agglomération angevine, les chantiers navals de Saint-Nazaire, l'industrie automobile et les milliers d'emplois dans l'assurance au Mans, les 56 zones d'activité économique du Choletais et tout le milieu industriel vendéen... Cette reconnaissance n'a rien d'un hasard et témoigne largement du dynamisme et de la crédibilité des entrepreneurs mayennais.

> *« Il y a quelque chose de très spécifique à la Mayenne, car le territoire influence les valeurs. Il y a un côté rural affirmé mais aussi une tradition d'ouverture sur les autres, peut-être liée historiquement à la rivière qui traverse le département. Ici, tu n'es pas un anonyme dans la grande ville : tout le monde se connaît plus ou moins, donc tu dois être fiable, ce qui forge des liens de confiance. Comme il y a un lien social fort et un tissu économique resserré, si ton concept est bon, il fonctionne sans publicité. »*
> *[Richard Zuber, directeur expérience client]*

Autre symbole, et pas des moindres : lorsque la French Fab a décidé d'organiser un tour de France, le lancement s'est fait à Laval en présence de plus de 3500 personnes, dont la secrétaire d'État auprès du ministre de l'Économie et des Finances Agnès Pannier-Runacher, le directeur général de la Banque publique d'investissement Nicolas Dufourcq, la présidente de Région Christelle Morançais et les représentants de groupes industriels aussi puissants que Peugeot, Airbus, Manitou ou Bénéteau.

D'ailleurs, le coq bleu qui symbolise la French Fab est made in Mayenne ! C'est la société Sodistra, basée à Château-Gontier, qui fabrique cette statue en résine ignifugée de deux mètres de haut. Un « détail » peu surprenant puisque cette entreprise est dirigée par Erwan Coatanéa, un des premiers ambassadeurs de la French Fab auprès des entrepreneurs et des pouvoirs publics.

Et si la French Fab est le label de l'industrie française, il faut surtout y voir le label de l'innovation industrielle, un domaine dans lequel la Mayenne s'illustre. Pour ne prendre qu'un seul exemple, on peut citer Laval Virtual Center, le premier hub international sur la réalité virtuelle et la réalité augmentée. Ce catalyseur d'innovation d'usages pour les technologies RV/RA propose aussi bien de la veille stratégique que des ateliers d'idéation, de la formation continue et de l'accompagnement technologique, et intervient dans de nombreux domaines d'activités : alimentation, immobilier, défense, ressources humaines, tourisme, transports...

Pour soutenir et accompagner cette innovation, on trouve à quelques pas de là un campus qui regroupe deux écoles d'ingénieurs (monde numérique et techniques aéronautiques et de construction automobile), une antenne de la faculté de droit et un institut universitaire de technologie avec des formations en informatique, en génie biologique, en techniques de commercialisation et en métiers du multimédia et de l'Internet.

Comme vous le voyez, on est donc très loin d'un département enclavé ! Et au sud de ce département, on trouve la ville Château-Gontier, qui abrite le siège de V and B.

Château-Gontier-sur-Mayenne, ville à taille humaine

Sans vouloir entrer dans les détails administratifs, la commune de Château-Gontier a fusionné avec les villes de Saint-Fort et Azé le 1er janvier 2019 pour constituer une commune nouvelle qui porte le nom de Château-Gontier-sur-Mayenne. De fait, il y a bien longtemps que les habitants ne différenciaient plus les trois villes dans leur vie quotidienne. Clin d'oeil de l'histoire : en 1809, Château-Gontier avait déjà absorbé les communes de Saint-Rémy, Bazouges et Azé. Les deux dernières ont retrouvé leur indépendance quelques années plus tard, tandis que la première avait été réattribuée à Saint-Fort en 1813.

La FRENCH FAB

Si la French Fab est le label de l’industrie française, il faut surtout y voir le label de l’innovation industrielle, un domaine dans lequel la Mayenne s’illustre.

Désormais, Château-Gontier-sur-Mayenne est une ville d'environ 17 000 habitants. Outre le marché aux veaux le plus grand d'Europe (parc Saint-Fiacre) et plusieurs ponts qui offrent une vue imprenable sur la rivière qui a donné son nom au département (la Mayenne), Château-Gontier compte une quinzaine de monuments historiques. En s'éloignant un peu du centre-ville, on arrive rapidement dans la zone commerciale de La Fougetterie, dans laquelle on aperçoit un immense entrepôt d'un noir de jais, sur lequel se distingue clairement le logo de V and B.

Si le terrain est impressionnant (d'autant plus qu'un nouveau siège social et un second entrepôt sont en construction), on se demande quand même comment une franchise qui compte plus de 200 magasins et 1500 salariés peut opérer depuis une ville de taille aussi… modeste ? Pourtant, personne au siège du groupe ne voit cela comme un problème.

> *« Etre à Château-Gontier, c'est un avantage. Il y a la force de l'histoire, des valeurs qu'on retrouve chez les gens, dans leur façon d'être et leur façon de faire des affaires. Il y a peut-être aussi l'idée qu'en gardant les pieds sur terre et en restant près de nos clients, on montre qu'on est une entreprise responsable, loyale avec ses partenaires comme avec ses équipes. Et rester dans un endroit où la nature est très présente, ça nous encourage à pousser le curseur sur les questions écologiques. Il y a un enjeu sociétal réel et être une marque respectable, c'est aussi s'engager dans le domaine du développement durable. »*
> *[Céline Lebreton, responsable expérience collaborateurs]*

Autre avantage d'une ville où proximité rime avec intégrité : le recrutement du staff est facilité par une logique de réseau, dans lequel on connaît les gens bien avant de les embaucher, ce qui évite les erreurs de casting aussi embêtantes pour l'entreprise que les salariés.

> *« Un de mes adjoints était tout simplement un client dans le magasin de bricolage où je travaillais avant. On passait beaucoup de temps à discuter dans ce magasin, et le jour où j'ai eu besoin de recruter quelqu'un, les boss m'ont présenté un candidat qu'ils estimaient sérieux. Il s'avère que c'était lui donc ça a facilité le contact et l'intégration dans l'entreprise. »*
> *[David Piquet, directeur logistique et transport]*

Contrairement à ce qu'on pourrait penser, le fait d'être dans une zone excentrée n'est pas un frein au recrutement. Car avec une moyenne d'âge qui frôle les 30 ans, le staff de V and B trouve un intérêt à s'installer puis à rester à Château-Gontier.

> *« Parfois, les gens s'amusent du fait que le siège social soit en zone rurale. Mais c'est un atout pour tout le monde : on y trouve une qualité de vie qui n'existe plus dans les grandes métropoles, on perd peu de temps dans les transports et le foncier reste abordable. Et on n'est pas non plus un village perdu dans la forêt : on a tous les équipements dont on a besoin et on est à 30-40 minutes de Laval et d'Angers. »*
> *[Linda Robiche, directrice administrative et fiscale]*

Autre atout de la proximité : le côté humain du management. Si les indicateurs de rentabilité et les exigences de performance existent bel et bien chez V and B, l'objectif est d'avancer longtemps ensemble, pas de faire des tableurs numériques illisibles ni de faire plaisir aux actionnaires au détriment de l'ambiance et de la santé des collaborateurs.

> *« Personnellement, c'est un truc que j'adore ! Voir des gens qui bossent avec le sourire, c'est la meilleure raison d'avoir envie de venir bosser. Tout le monde doit avoir envie, ça doit être convivial. On n'a pas écrit " partageur de bons moments " sur les camions juste pour décorer. Si je vois quelqu'un qui fait la gueule, je ne laisse pas passer deux jours : je le fais venir dans mon bureau, on prend un café et on discute. Si c'est un problème professionnel, je vois comment on peut faire changer les choses. Si c'est un problème personnel, je vois comment on peut l'aider ou lui laisser un peu d'espace pour respirer. »*
> *[David Piquet, directeur logistique et transport]*

La magie semble donc opérer en interne, mais qu'en est-il de l'externe ? Après tout, qu'on le veuille ou non, la tradition jacobine de la France a concentré tous les réseaux économiques et médiatiques dans la capitale, qui regarde souvent avec distance les territoires plus ruraux… et réciproquement.

> *« Il y a peut-être un côté " pour vivre heureux, vivons cachés ", mais chaque ouverture de magasin est aussi un coup de pouce à la notoriété*

de la marque. En plus, nous avons aussi une super équipe au service communication et nous participons à différents concours pour mieux nous faire connaître. »
[Céline Lebreton, responsable expérience collaborateurs]

En effet, V and B s'est illustré à plusieurs reprises en recevant des prix variés, ce qui n'est jamais du luxe pour faire connaître sa marque et son message :

- Prix du Franchiseur le plus audacieux en 2018 (par l'Officiel de la Franchise)
- Citations au palmarès des « Champions de la Croissance » en 2018 et 2020 (Les Echos et Statista)
- Obtention du label « Great place to Work® » en 2018 (GPTW Institute)
- Lauréat des Re.Start Awards en 2018 (1ère édition au Grand Rex, remise par un ministre)
- Prix des managers mayennais de l'année en 2019 (par les Dirigeants Commerciaux de France)
- Citations au palmarès des « Meilleures Enseignes » pour la qualité de service en 2020 (Capital)

Pour autant, tout va-t-il pour le mieux dans le meilleur des mondes ? Il serait exagéré de le dire. Par exemple, quiconque a essayé de se rendre à Château-Gontier pour du tourisme ou des affaires a eu la surprise de remarquer un tout petit « détail » : impossible de venir en train puisqu'il n'y a pas de gare !

« On trouve ici une qualité de vie très agréable au quotidien, mais c'est vrai que le bémol, c'est qu'il n'y a pas de gare. Donc pour faire venir des partenaires ou des membres du réseau (franchisés ou salariés), ce n'est pas toujours très simple. Mais il faut relativiser, aller chercher quelqu'un à la gare n'est pas non plus une logistique infranchissable. »
[Céline Lebreton, responsable expérience collaborateurs]

Un autre petit embêtement du siège social tient aussi à sa dimension et à sa répartition. Car le revers d'une augmentation rapide des effectifs, c'est qu'on ne peut pas tout anticiper selon un timing idéal... Ainsi, à l'heure d'imprimer ce livre, le siège social occupe un terrain de plusieurs hectares dans lesquels sont répartis deux bâtiments distants de quelques centaines de mètres. Sans être dramatique, cela perturbe un peu la communication et la cohésion des équipes, en produisant un effet «deux salles, deux ambiances».

Néanmoins, la construction d'un nouveau siège social (sur le même terrain) qui fera la jonction entre chaque service est amorcée, pour le plus grand plaisir des uns et des autres, car l'espace commence à manquer. Croissance oblige…

A PRENDRE OU À LAISSER !

L'importance du territoire

Que vous souhaitiez monter une start-up, une entreprise de services, une boîte de consulting, une usine de sous-traitance ou le prochain empire de la franchise, il n'y a pas qu'à Paris que les choses se passent !

Pour commencer, il y a les écosystèmes locaux spécialisés dans tel ou tel domaine, ce qui peut offrir un terreau favorable à la réussite de votre projet. Par exemple, la région nantaise est connue pour sa filière numérique, qui peut s'enorgueillir de la création de plus de 4000 emplois locaux et quelques belles réussites, dont :

- EP, qui s'est spécialisée dans les services digitaux dans le domaine de l'habitat avec la plateforme Izigloo et une bourse aux chantiers proposée aux professionnels des travaux
- iAdvize, qui développe des logiciels de service d'aide et de dialogue en direct sur les sites marchands, avec plus de 200 salariés à Nantes, Londres, Düsseldorf, Madrid et Boston
- DoYouBuzz, la start-up qui a permis à plus d'un million de personnes de proposer leur CV en ligne sous un format facile à générer et facile à consulter
- Klaxoon, qui développe des outils numériques pour l'animation de réunions de travail et compte plus de 200 collaborateurs dans ses bureaux de Rennes, Lyon, Paris et New York
- Akeneo, leader mondial de gestion de l'expérience produit, qui a levé 41 millions d'euros fin 2019 pour ajouter une centaine de salariés à son équipe déjà forte de 180 personnes

Ce n'est qu'un exemple parmi tant d'autres, mais cela vaut peut-être le coup de regarder les territoires dynamiques dans votre domaine de prédilection… ce qui ne vous empêche pas de poser vos valises dans un endroit inattendu.

Ainsi, les fondateurs de la start-up Beauté-Privée sont allés chercher le soleil dans les Bouches-du-Rhône en s'installant à Aix-en-Provence, ce qui n'a pas fait obstacle à leur projet de monter le premier club de ventes privées autour de la beauté et du bien-être, avec plus de 20 millions d'euros de chiffre d'affaires annuel.

Plus surprenant, l'entreprise Ledger, leader mondial de la fabrication des porte-monnaie numériques, s'est installée à Vierzon pour y faire construire son usine de 3 700 mètres carrés. Si vous ne savez pas où se situe Vierzon, c'est une ville de 26 000 habitants dans le département du Cher. Ce qui n'aura pas empêché Ledger de devenir la référence mondiale des crypto-monnaies en ouvrant des bureaux à Paris, New York et Hong Kong ! Au passage, les puristes du made in France apprécieront ce mélange entre French Tech (l'innovation numérique à la française) et French Fab (l'innovation industrielle à la française), qui représente sans doute l'avenir de l'industrie.

Si Vierzon est encore trop grand pour vous, peut-être pouvez-vous descendre d'un cran en imitant Ma Petite Mercerie. Cette société expédie 350 colis par jour depuis son siège de Gaillac, une ville de 15 000 habitants dans le Tarn. Un véritable succès puisque son chiffre d'affaires est de deux millions d'euros annuels pour 20 emplois après 5 années d'existence.

Enfin, si vous voulez l'option campagne totale en mettant le plus de kilomètres possibles entre vous et le bitume, sachez que c'est encore possible. Lancée en 2008, l'entreprise SiteW permet aux particuliers et aux professionnels de réaliser eux-mêmes leur site Internet. 10 ans plus tard, la société couvre plus de 200 pays avec 500 sites web créés chaque jour. Le tout en s'étant établie à Yolet, un village de 500 âmes au beau milieu du Cantal…

Quel que soit votre choix, retenez en tout cas que vous n'avez pas besoin de louer un logement minuscule pour une somme indécente si vous désirez un environnement favorable au développement de votre projet entrepreneurial. Après tout, un autre choix est possible :

- Privilégier le lien social avec le tissu économique local
- Encourager une cohésion plus forte pour maintenir une bonne ambiance au travail
- Favoriser la qualité de vie pour vos collaborateurs et leurs familles
- Considérer ses racines comme un point d'ancrage et non comme un

facteur limitant
- S'appuyer sur des valeurs pour le management des équipes
- Aider les salariés à s'intégrer dans le territoire local pour les garder plus longtemps
- Miser sur la coopération plutôt que la compétition

Si l'entrepreneur rêve de changer le monde, le premier pas à faire est peut-être de changer l'entreprise pour la rendre plus humaine et plus authentique. Comme le veut le dicton de René Dubos : penser global, agir local.

- 5 -

Prendre le temps d'aller vite

Un concept affirmé et une implantation territoriale sont les racines nécessaires à la solidité d'une franchise, mais les branches de l'arbre que sont les magasins ne peuvent pas pousser de manière désordonnée, sous peine d'asphyxier l'ensemble. Avec 1000 candidats par an et 2 ouvertures de magasin par mois, V and B est donc à flux tendu et doit s'adapter en permanence, ce qui pose un certain nombre de difficultés.

> *« Ce n'est pas toujours simple car il faut suivre, mais ça suit. On a structuré le groupe pour ça et les équipes sont toujours disponibles et motivées, même quand on est dans le dur. Il faut être attentif si on veut que ça dure, identifier les difficultés et trouver des solutions rapidement. »*
> *[Emmanuel Bouvet, cofondateur]*

Question : puisque la croissance peut poser problème, pourquoi ne pas ralentir le rythme ? Eh bien la réponse n'est pas si simple qu'il n'y paraît...

Tout d'abord, il y a une forme de culture de l'entreprise, où l'énergie des débuts est toujours présente au quotidien. Cette addiction à l'adrénaline pousse à vouloir aller toujours plus vite et toujours plus loin. Avec un staff dont la moyenne d'âge est d'environ 30 ans, difficile de reprocher à la jeunesse de vouloir que ça bouge !

« A défaut d'une meilleure métaphore, on peut dire que la croissance est une drogue. C'est exigeant, c'est stimulant, ça donne un calendrier et des objectifs rapides, donc on voit rapidement le résultat de ses efforts. Il y a un côté galvanisant ! Et je dois avouer que gérer le train-train quotidien n'est pas trop ma came et sans doute pas trop celle des collaborateurs. On aime avancer, c'est dans notre ADN ! »
[Romain Rouxel, directeur de V and B Concept]

Ensuite, il y a le changement du paysage et l'apparition de la concurrence, qui nécessite de ne pas s'endormir sur ses lauriers quand on veut maintenir son leadership. Après tout, c'est surtout quand on arrête de pédaler qu'on risque de tomber de son vélo.

« L'objectif de la croissance, ce n'est pas juste d'ouvrir un magasin pour faire tourner le compteur et se dire qu'on en a un de plus. Dans un monde qui va vite, si tu n'es pas en croissance, tu te fais bouffer. Même si la concurrence ne doit pas nous effrayer, il faut être lucide : on est attaqué dans toutes les régions donc on doit ouvrir pour résister. Chaque ouverture augmente la notoriété de la marque et avoir une marque forte est la clé de la survie du réseau tant qu'on maintient la qualité qui va avec ! »
[Romain Rouxel, directeur de V and B Concept]

Pour l'anecdote, il est amusant de remarquer que pour chaque ouverture de magasin, les premiers visiteurs sont déjà clients d'un autre V and B. L'attachement à l'enseigne n'a donc rien de superficiel et la logique de réseau fonctionne. Le côté chaleureux de la marque rassure et crée une forme d'adhésion pour les clients.

Des couteaux suisses et des candidats

A l'été 2019, V and B a ouvert son 200ème magasin. Le chiffre est impressionnant en tant que tel, et l'est encore plus si on compare aux 95 magasins Columbus Café (après 20 ans d'existence) ou aux 175 enseignes Starbucks (malgré la force de frappe de la multinationale). Mais tout ne s'est pas fait en un jour : il aura fallu 15 ans et plusieurs évolutions, aussi bien dans l'organisation que dans les méthodes.

« Quand tu démarres et que tu n'es que 3 ou 4, tu fais un peu tout. Il n'y a pas vraiment de hiérarchie ni de structure. Il y a un cap mais pas de fiche de poste : tout le monde est un couteau suisse ! Par exemple, au début, je faisais la comptabilité, les salaires, les contrats, la gestion de trésorerie, les affaires juridiques, le suivi des congés. Puis on a recruté une assistante RH, ce qui a donné plus de souplesse à mon agenda et j'ai pu me concentrer sur d'autres aspects. Aujourd'hui, on a un DRH, une DAF, une responsable financière, etc. Les postes se sont spécialisés au fur et à mesure. »
[Sandrine Bouvet, assistante de direction]

Avant d'atteindre les 200 magasins, il y a eu quelques étapes clés, mais pas toujours celles qu'on envisage. Par exemple, l'ouverture du 100ème magasin a dû être une étape inoubliable dans le développement de la franchise ? Certes, mais pas pour les raisons qu'on pense : le magasin a connu des difficultés à se lancer et à trouver sa place dans l'économie locale, donc il a fallu redoubler d'efforts pour l'aider à décoller. Impensable de le fermer !

« Avant de penser à développer de nouvelles choses, il faut consolider l'existant. On n'a jamais fermé un seul magasin et on ne compte pas commencer aujourd'hui, c'est aussi comme ça qu'on maintient la confiance du réseau. Si un magasin ne tourne pas, on met les bouchées doubles. Dans le pire des cas, on reprend le magasin en main avec l'accord du franchisé. C'est un risque de trésorerie mais on relance le magasin jusqu'à ce qu'il tourne. Au total, ça ne concerne que 2 ou 3 magasins donc c'est un cas rare mais on a su prendre nos responsabilités. »
[Charlotte Porcher, responsable financière]

Comparaison n'est pas raison, mais si on reprend l'exemple de Starbucks, V and B est un véritable OVNI dans le domaine de la franchise. Pour mémoire, en 2016, Starbucks annonçait un objectif de 250 magasins en France à l'horizon 2020, ce qui revenait à doubler le nombre d'établissements (il y en avait alors 124). Deux ans plus tard, la multinationale du café était devenue beaucoup plus humble et annonçait la fermeture de 150 magasins dans les douze mois à venir…

« Je dis toujours que le franchiseur est garant de la réussite du franchisé. Donc si on a fait une erreur d'appréciation, on la corrige et on soutient notre franchisé. On ne fait pas avancer le bateau en jetant l'équipage par-dessus bord. »
[Jean-Pierre Derouet, cofondateur]

Le choix des emplacements n'a donc rien de simple. Mais quid du choix des franchisés ? Faire une erreur de casting est un risque quand on reçoit autant de candidatures et qu'on procède à autant d'ouvertures.

« On ne peut pas recevoir 1000 candidats par an donc on fait une première sélection, et ensuite je reçois chaque candidat présélectionné avec Romain, qui dirige la franchise, et Céline, qui gère l'expérience collaborateurs. La première chose, c'est qu'il faut qu'on soit tous les trois d'accord. Si l'un de nous pense que ça ne va pas le faire, alors c'est que ça ne va pas le faire. »
[Antoine Porcher, directeur général]

Les candidats qui franchissent cette étape doivent ensuite faire face à un processus de sélection qui est aussi un parcours de formation et d'information, afin de mieux les connaître et de les mettre en situation : recherche du local, réalisation d'un prévisionnel, recherche du financement, obtention d'une licence de débit de boissons, création de la société, signature du contrat de franchise…

Une fois ce parcours d'obstacles franchi, restent 7 semaines pendant lesquelles les candidats alternent une immersion en magasin avec des sessions de formations sur les différents aspects de la gestion d'un établissement franchisé et les critères de qualité de V and B. Des moments qui restent souvent de bons souvenirs pour les participants et qui permettent de renforcer les liens entre les franchisés et les équipes du siège social.

« La relation franchiseur/franchisé est excellente, très amicale et familiale. Le franchiseur met à disposition l'écoute et les aides nécessaires au développement des magasins. On se sent soutenu dès le dépôt du dossier ! »
[Elodie, V and B Bordeaux Lac]

D'ailleurs, si l'aventure vous tente, toutes les informations dont vous avez besoin se trouvent sur Internet : www.franchise-vandb.com

Croissance du réseau et croissance du siège

Pour suivre le rythme des ouvertures de magasins, le siège social aussi a dû s'adapter. Car ce n'est pas la même chose de livrer 10 magasins qui se trouvent essentiellement dans l'ouest de la France que d'en fournir 200 qui sont éparpillés sur tout le territoire, avec 25 nouveaux établissements qui apparaissent chaque année et qu'il faut intégrer aux tournées.

> *« La logistique, ce serait un boulot super cool si on était à périmètre constant. Mais on court tout le temps : on doit intégrer un nouveau magasin tous les 15 jours ! Aujourd'hui, on a 40 mecs dans l'entrepôt, mais il y en avait 10 de moins l'an dernier. Le paradoxe, c'est qu'on court tout le temps mais que l'outil peut absorber la croissance : on ne double pas la taille de la centrale parce qu'on double le nombre de magasins. En plus, il n'y a pas que l'outil en tant qu'entrepôt, il y a aussi beaucoup de savoir-faire et chacun progresse donc on est de plus en plus performant. »*
> *[Emmanuel Grudé, responsable de l'exploitation logistique]*

Dans cette immense ruche, les chiffres peuvent donner le tournis. Prenons l'exemple de l'année 2018 :

- 27 ouvertures de magasins
- 50 000 palettes livrées
- 35 000 palettes de consignes triées
- 13 containers expédiés à l'étranger
- 1 7800 000 litres de bières passés par l'entrepôt

Si la croissance continue, les chiffres aussi continueront d'augmenter… ce qui ne semble pas effrayer les salariés.

> *« Si on se projette avec une vision à 300 ou 400 magasins, on va continuer à monter en puissance. Par exemple, il faut un camion pour livrer une douzaine de magasins, donc on aura doublé la flotte*

de transport quand on sera passé à 350 magasins. C'est un sacré challenge mais je suis super enthousiaste ! J'adore transmettre ce que j'ai appris, faire mon taff et faire avancer les équipes, améliorer tout ce qu'on fait, organiser l'esprit collaboratif, donner envie de faire avancer les choses. La croissance est un défi mais c'est ça qui rend le job intéressant ! »
[David Piquet, directeur logistique et transport]

Pour autant, il est encore fréquent que le système rencontre quelques bémols. Loin de se décourager, chez V and B, on considère que chaque petite sortie de route est une occasion d'apprendre et de se perfectionner pour la suite.

« Gérer la croissance du réseau et la croissance du volume n'a rien d'évident. On doit en permanence arbitrer entre 200 magasins donc c'est compliqué de contenter tout le monde. Et honnêtement, on a des loupés mais on apprend de nos erreurs. Après, même si on fait une connerie par semaine en livrant 200 magasins, c'est un taux faible et ça nous permet de progresser. On se professionnalise sur tout en permanence. »
[David Piquet, directeur logistique et transport]

Avec un volume de travail qui augmente, ce sont aussi les risques qui augmentent. La vigilance s'impose donc pour éviter que les collaborateurs se blessent ou nuisent à leur santé, que ce soit à court ou à long terme, en particulier dans l'entrepôt.

« Chaque année, on passe en revue chaque poste avec Nicolas, notre responsable sécurité. L'objectif est de repérer tous les risques, y compris ceux auxquels on ne pense pas forcément. Pour être efficace, on vérifie chaque poste avec trois salariés concernés, puis on fait des listes : risques de hauteur, lumières éblouissantes, objets courants, gestes répétitifs, bruits environnants. On réunit ensuite une commission sur l'amélioration des conditions de travail et on fait au mieux pour améliorer tout ce qu'on a remarqué en invitant les équipes à partager leurs remarques et suggestions. »
[Sandrine Bouvet, assistante de direction]

A ce passage en revue s'ajoutent des ateliers de réflexions, des formations sur les conditions de travail, des sessions de prévention sur les troubles musculo-squelettiques. Pas toujours simple de prendre le temps, mais c'est une exigence pour que les salariés durent dans le temps et ne se blessent pas, ce qui serait dommageable pour tout le monde.

La logistique n'est pas la seule chose qui évolue quand on pousse la machine ; il y aussi l'organisation générale du groupe et la question des individus.

> *« On a les mêmes contraintes à l'entrepôt que dans les bureaux. Avec 10 embauches par an, on connaît moins les gens, on transmet moins et on fait moins de lien. Du coup, c'est moins simple à gérer. On a des moments de tension parce qu'on avance vite donc c'est important de bien traiter les gens et de maintenir une bonne ambiance pour que les gens aient envie d'avancer. " V and B family ", c'est plus qu'un slogan, on doit maintenir cet esprit humain et cette ambiance de convivialité. »*
> *[David Piquet, directeur logistique et transport]*

La clé pour durer : le facteur humain

La croissance de V and B peut faire envie et s'avère réussie, mais elle révèle des points d'attention. Cette belle aventure humaine pourrait connaître un revers si la croissance des relations humaines ne suivait pas la croissance de la franchise.

> *« Une des difficultés de la croissance, c'est de maintenir tout le monde dans le même état d'esprit. L'humain est une clé importante chez nous et l'enjeu c'est bien de préserver cette dynamique. Car plus on est nombreux, plus ça se dilue, surtout que les personnalités changent avec les nouveaux besoins et la structuration de l'entreprise. »*
> *[Romain Rouxel, directeur de V and B Concept]*

Parmi ces nouveaux besoins, il y a ce qu'on appelle les « extras », c'est-à-dire les collaborateurs à temps partiel dans les magasins, qui viennent en renfort le soir ou le week-end pour assurer le service quand l'affluence est à son comble. Une partie de l'équipage qui est loin d'être anecdotique, puisqu'ils ne sont pas moins de 600 dans le groupe !

Parfois vus comme des « petites mains », les extras ont en fait un rôle très important, puisqu'ils participent à l'accueil et la convivialité des lieux, avec 100% de leur temps de travail au contact du client. Il s'agit souvent d'une première expérience professionnelle pour eux et elle est formatrice, puisqu'ils doivent développer leur autonomie et leur sens des responsabilités tout en restant souriants et dynamiques afin de faire passer un bon moment aux visiteurs.

> *« Les extras ne sont pas des collaborateurs à la marge de V and B, c'est tout l'inverse. On leur doit notre image de marque puisqu'ils sont en première ligne : ce sont eux qui sont en permanence au contact des clients. On doit donc en prendre soin pour qu'ils prennent plaisir à venir et qu'ils transmettent leur bonne humeur aux clients. »*
> *[Antoine Porcher, directeur général]*

Qui dit structuration de l'entreprise dit aussi spécialisation du recrutement. Or une chose marquante quand on s'intéresse aux parcours des collaborateurs de V and B, c'est que personne n'est entré dans le groupe pour occuper la fonction qu'il assume aujourd'hui. Une comptable devenue directrice administrative et fiscale, un préparateur de commandes devenu responsable de l'exploitation logistique, un commercial devenu développeur du réseau… Apprendre et évoluer en interne fait partie de la culture des débuts, mais ça devient difficile quand on passe le cap des 180 employés au siège social, avec une trentaine de recrutements dans l'année.

> *« Aujourd'hui, on achète de la compétence alors qu'avant, on fabriquait la compétence en interne. Quand tu recrutes de façon plus classique, avec un besoin spécifique de l'entreprise, tu peux difficilement demander aux gens d'être des couteaux suisses.»*
> *[Emmanuel Bouvet, cofondateur]*

Pourtant, sur le papier, la formation existe bel et bien et les opportunités d'évoluer en interne sont nombreuses, puisque c'est le choix par défaut

> Une des difficultés de la croissance, c’est de maintenir tout le monde dans le même état d’esprit. L’humain est une clé importante chez nous et l’enjeu c’est bien de préserver cette dynamique.

Romain Rouxel
Directeur de V and B Concept

lors des créations de postes : chercher la compétence en interne et former la personne candidate plutôt que de procéder à un recrutement externe. Mais plus on recrute sur la bases de certifications (diplômes et expériences précédentes), plus la plasticité des carrières s'amenuise.

> *« Avant, on recrutait sur un savoir-être et on formait au savoir-faire. Maintenant, les recrutements sont plus spécialisés, donc on recrute un savoir-faire et on tente d'améliorer le savoir-être. Mais c'est plus facile d'apprendre à compter que d'apprendre à sourire, donc il y a un véritable enjeu dans le recrutement. »*
> *[Romain Rouxel, directeur de V and B Concept]*

Ce qui est valable au siège est aussi valable dans le réseau. Le nombre de franchisés limite l'attention dont chacun peut bénéficier, tout simplement parce que le temps est une denrée rare.

> *« Le risque de la croissance, c'est de perdre le côté familial et chaleureux qui fait notre marque de fabrique. Si on est moins proche, il y a un délitement du lien. Du coup, les franchisés bien installés ont moins envie et les nouveaux arrivants se sentent moins soutenus. La crainte des magasins de ne plus être écoutés est légitime, et c'est à nous d'agir pour que ça n'arrive pas. On procède d'ailleurs à une refonte des secteurs régionaux pour rester à l'écoute du réseau et proche de nos franchisés. »*
> *[Florian Poupinel, responsable coaching réseau]*

Pour autant, on peut aussi garder un enthousiasme contagieux sur la croissance de la franchise, car l'aventure humaine est réelle et la force du nombre est un atout.

> *« Plus le groupe grossit et moins j'ai peur ! Je dis ça en riant mais c'est vrai. On est tellement nombreux qu'on peut trouver des solutions à tout. A plusieurs, on a plus d'idées ! »*
> *[Sandrine Bouvet, assistante de direction]*

Le symbole des 200

Quand on parle de la croissance de V and B, difficile de ne pas s'arrêter un instant sur ce chiffre : 200 magasins, ce n'est pas rien ! C'est un seuil symbolique, mais un symbole de quoi ? Le symbole de la réussite, le symbole des ouvertures passées, le symbole des difficultés qui commencent ? Est-ce la fin ou le début ? C'est en tout cas une bonne occasion pour se poser les bonnes questions.

> *« 200 magasins, c'est un chiffre impressionnant et un chiffre qui fait plaisir, mais ça ne veut pas dire qu'on vient de franchir la ligne d'arrivée et qu'on a gagné. Parce que 200, est-ce que ça veut dire " on est 200, on est les plus gros " ou est-ce que ça veut dire " on est 200, on va faire encore plus de trucs " ? Je préfère de loin l'option n°2 donc la question qui se pose, finalement, c'est de bien exploiter cette puissance du nombre. »*
> *[Richard Zuber, directeur expérience client]*

Si les questions et les réponses restent ouvertes, le constat est juste. Un tel chiffre est un seuil symbolique qui permet de regarder à la fois le chemin parcouru et le chemin à parcourir. Porter un regard sur le projet d'origine et reformuler le projet pour l'avenir.

> *« Franchir la barre des 200 magasins, c'est une épée à double tranchant. D'un côté, il y a bien sûr la satisfaction de réussir. 200, c'est un achèvement. Mais d'un autre côté, il y a aussi la tentation de se reposer sur ses lauriers parce que finalement, tout roule ! C'est précisément parce que ça tourne bien que ça peut s'arrêter de tourner. Il ne faut pas croire que c'est facile. Pour nous, l'enjeu est donc de faire attention à l'embourgeoisement et de poursuivre la croissance mais de garder l'état d'esprit des débuts, que ce soit au siège ou chez les franchisés. »*
> *[Antoine Porcher, directeur général]*

La structuration devient donc le véritable défi pour maintenir le dynamisme de la croissance et la qualité de l'ambiance.

> *« On vit l'apogée et les plus belles heures de V and B. On est passé de 30 magasins à 150 en quelques années donc c'est une croissance rapide mais tout n'est pas encore structuré puisqu'on structure au fur et à mesure. Donc on tire sur la corde au risque de casser la corde Cela dit,*

on n'a fermé aucun magasin et on reste ouvert au changement, que ce soit relooker les magasins ou repenser le positionnement. Tant qu'on préserve l'ambiance, tout est possible, car la richesse du groupe repose sur les relations entre les gens. On a une vraie cohésion et c'est pour ça qu'on tient la charge. »
[Basile Bréhin, développeur V and B centre-ville]

La corde est donc parfois tendue entre logistique, recrutement, formation, management… mais personne chez V and B n'a l'idée de ralentir la cadence.

« *L'avenir de V and B ? Plus de 600 magasins, comme Leclerc ! Tu imagines le potentiel ? Et en plus on a les centres-villes, qu'on commence à ouvrir. 600 magasins, ça voudrait dire une deuxième centrale d'achat et trois fois plus de monde au siège, parce qu'il n'y a pas vraiment d'économie d'échelle : nos ratios sont très linéaires sur le nombre de magasins et les ressources en centrale. En tout cas, on n'est pas près de s'arrêter !* »
[Emmanuel Bouvet, cofondateur]

Finalement, on verra peut-être bientôt cette petite boîte de Château-Gontier devenir une grosse multinationale tout en conservant l'agilité d'une start-up. Sachant que V and B n'a jamais participé au Salon de la Franchise et n'a jamais eu besoin de communiquer pour trouver des franchisés, on peut effectivement croire que tout est possible !

« *Ce qui me fait vibrer, c'est l'aventure humaine qu'on est en train de vivre ! Je me dis qu'on a encore du progrès à faire et je vois des choses qu'on pourrait faire mieux, mais c'est stimulant pour la suite ! J'ai envie de prouver qu'en restant cool, en restant simple, avec des valeurs de petites boites, tu peux créer une multinationale. Il y a un vrai message derrière ça. Il faut faire confiance aux gens pour faire bouger les codes : même si tu es différent, tu peux réussir !* »
[Antoine Porcher, directeur général]

Le symbole des 200 n'est donc visiblement pas l'occasion de prendre des vacances. D'ailleurs, la communication organisée par V and B pour célébrer l'événement dit tout en une seule phrase : « seul on va plus vite, à 200 on va plus loin ! »

À PRENDRE OU À LAISSER !

Choisir sa croissance : un levier stratégique

La réussite d'une entreprise qui grandit peut faire rêver mais ne perdez pas de vue que le choix de votre modèle de croissance sera déterminant dans la gestion de vos ressources. En particulier en ce qui concerne vos ressources financières : sauf dans la perspective d'une levée de fonds qui sert à financer une croissance hypothétique en espérant des bénéfices futurs (un scénario devenu classique dans l'univers start-up), c'est bien l'efficacité de votre modèle économique qui servira de support à votre croissance.

Dans le cas de V and B, c'est le bénéfice réalisé chaque année qui permet de financer la croissance du réseau comme du siège (sans parler des nouveaux projets), soit en apportant directement la trésorerie nécessaire, soit en utilisant les fonds comme effet de levier pour obtenir un financement bancaire. D'où l'importance de la performance, qui est la source de la croissance…

Il est utile de s'attarder sur le fonctionnement de V and B, car il a ses particularités et ses exigences :

- La croissance économique relève pour ainsi dire du projet politique, l'objectif étant d'exporter la convivialité partout et d'aller vite pour rester le leader du secteur
- Cette vision sociétale de l'entreprise signifie une orientation claire qui consiste à réinvestir les bénéfices en permanence plutôt que d'enrichir les fondateurs et associés
- Cette orientation nécessite de maintenir le contrôle total sur les entités du groupe V and B donc exclut tout recours à un fonds d'investissement (qui serait orienté vers ses bénéfices)

Ainsi, même si la croissance de V and B est rapide, elle est aussi limitée : on ne peut investir que ce qu'on possède et ce qu'on arrive à emprunter. Sans quoi il faudrait céder des parts au risque de perdre le contrôle du projet.

D'ailleurs, pour bien comprendre la différence entre une approche de bâtisseur propriétaire et une approche d'investisseur temporaire, il faut savoir que Jean-Pierre et Manu ne se sont pas versés un euro de salaire ou de bénéfices pendant les 10 premières années d'existence de V and B. Seriez-vous prêt à faire le même sacrifice ? Pas moi...

A l'inverse, la franchise Big Fernand, une enseigne de « gourmet burger », a fait le choix d'ouvrir assez rapidement son capital pour accélérer sa croissance, en particulier à l'international. Avec le premier restaurant lancé en 2011 et le premier franchisé ouvert en 2013, l'entreprise française est passée sous pavillon britannique en 2017, avec la prise de contrôle de 80% du capital par le fonds BlueGem, qui a injecté entre 7 et 10 millions d'euros pour partir à la conquête du monde.

Deux modèles, deux conséquences. Qui a raison ? Les deux ! Chacun est libre de faire ses choix en fonction de ses valeurs et ses objectifs. L'important est surtout d'être clair avec soi-même (et ses associés) dès le début.

Au-delà des finances, la croissance pose aussi la question du management des hommes et des femmes. Dans chaque entreprise qui débute, on est un petit nombre et il est facile de connaître tout le monde. Mais on peut devenir victime de son succès lorsqu'on va vite :

- Comment recruter ?
- Qui recruter ?
- Comment maintenir le lien ?
- Comment accélérer et maintenir la qualité du travail ?

A titre individuel, nous sommes limités par ce qu'on appelle le nombre de Dunbar. C'est un nombre issu d'une étude publiée en 1992 par le chercheur Robin Dunbar et qui définit le nombre maximum d'individus avec lesquels une personne peut entretenir simultanément une relation humaine stable. En pratique, ce nombre est d'environ 150 personnes et on ne peut pas vraiment l'augmenter : c'est une limite inhérente à la taille du néocortex (la

partie de notre cerveau impliquée dans les fonctions cognitives dites supérieures).
Sachant que ce nombre inclut également nos amis, notre famille, nos voisins… comment faire lorsque votre entreprise dépasse les 150 collaborateurs ? Il n'y a pas vraiment de recette miracle et personne ne sera jamais ami avec tout le monde. Mais il est important de travailler les interactions entre les cadres et leur staff, entre des équipes qui se croisent parfois peu, entre ceux qui travaillent au siège et ceux qui travaillent dans le réseau, etc.

C'est précisément pour mieux gérer ce type de situation que la culture d'entreprise est un sujet d'avenir pour toute entreprise en développement. Il n'est d'ailleurs pas inutile de prendre le temps de conceptualiser et de rédiger les valeurs de l'entreprise, ses objectifs particuliers, sa vision en général…

Certes, cela peut prendre un peu de temps et l'exercice n'est pas forcément évident, mais vous pouvez vous appuyer sur des symboles, des étapes ou des ruptures. Un seuil symbolique sert précisément à cela : s'interroger, faire un bilan, questionner le sens et le pourquoi, se poser des questions sur le projet d'origine et le projet pour demain. Pour reprendre l'exemple de V and B, l'ouverture d'un 200ème magasin est une étape symbolique, qui permet de s'interroger sur plusieurs choses :

- Un seuil symbolique, mais un symbole de quoi ?
- Un symbole de réussite, donc un symbole du passé ?
- Si c'est une réussite, à quoi doit servir cette réussite ?
- Est-ce un achèvement ou est-ce le début d'autre chose ?
- Puisqu'on est déjà 200, pourquoi veut-on encore grandir ?

L'idée n'est pas d'inventer des réponses qui sonnent bien pour se faire plaisir ou pour faire de la communication, mais de prendre le temps de réfléchir pour repenser l'équilibre entre le temps court et le temps long. Rassembler ses équipes autour d'une vision permet de faire avancer tout l'équipage vers le même cap, mais rien n'est immortel. Un cap peut changer, une vision peut se réactualiser. Et surtout, une vision doit se décliner, en fixant des objectifs, des étapes et des actions.

Une fois que ces 4 étapes sont fixées, chacun sait où regarder et dans quelle direction avancer, ce qui permet d'être plus efficace dans les projets indi-

viduels et collectifs tout en donnant un sens aux tâches quotidiennes lorsqu'un coup de mou se fait sentir.
A l'échelle de l'humanité, le passage entre la préhistoire et l'histoire se distingue par une invention : l'écriture. Peut-être faut-il faire de même avec votre entreprise ? Passer d'une culture tacite à une culture explicite, c'est aussi prendre le temps d'aller vite !

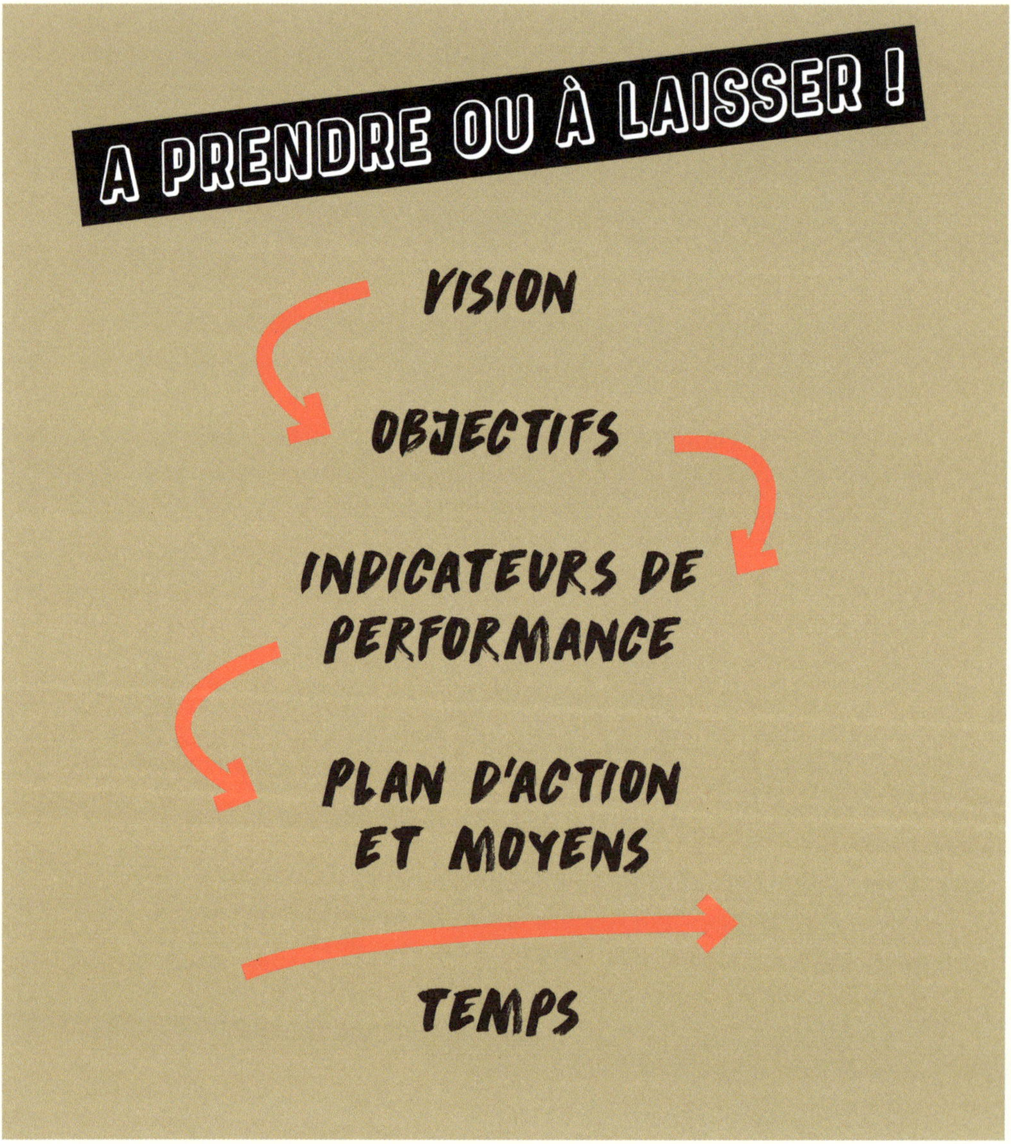

- 6 -

Intégrer, accompagner et faire grandir

Depuis la création de V and B, Jean-Pierre et Manu ont privilégié un mode de recrutement iconoclaste : plutôt que de choisir les meilleurs CV, ils se sont entourés de collaborateurs qui partageaient les mêmes valeurs et la même envie qu'eux. Malgré une croissance rapide qui bouleverse un peu les équilibres, cet ADN est toujours présent dans l'entreprise : privilégier le savoir-être au savoir-faire car avec l'envie, on peut relever tous les défis !

D'ailleurs, même si c'est peut-être en train de changer un peu, l'entreprise s'est construite en recrutant des collaborateurs qui ont intégré V and B en tant que stagiaires ou étudiants en alternance, puis qui ont grandi en même temps que l'entreprise pour accéder à des postes de plus en plus autonomes.

Ainsi, les qualités qui font la différence chez les collaborateurs du groupe sont au nombre de 8 :

- La motivation
- L' engagement
- La curiosité
- La prise d'initiative
- La remise en cause
- L'empathie
- L' épicurisme
- La positive attitude

Des qualités ou aptitudes pas si simples à évaluer lors d'un processus de recrutement ! Il n'existe pas vraiment d'outils pour les mesurer, ce qui laisse une large place à l'instinct et aux échanges. Mais après tout, recruter, c'est toujours prendre un risque, et il faut faire confiance aux autres si on veut faire grandir une aventure collective. Bien sûr, il y a parfois quelques loupés dans le choix des uns et des autres, mais si la greffe ne prend pas, le contrat de travail s'achève avant la fin de la période d'essai et des explications sont apportées au malheureux candidat, en le réorientant vers d'autres entreprises de la région susceptibles d'être plus adaptées à sa façon de faire.

Nous l'avons vu dans le chapitre précédent, la croissance du groupe amène à une accélération des recrutements, avec le défi de conserver et de transmettre une culture d'entreprise et une ambiance de travail familiale.

> *« Il a fallu revoir à la fois notre manière de recruter et d'intégrer les nouveaux, tout en développant des outils internes pour les faire progresser et leur donner envie de rester. »*
> *[Céline Lebreton, responsable expérience collaborateurs]*

Un travail de longue haleine qui a nécessité presque un an de travail mais qui a permis l'obtention du label « Great place to Work ® » en 2018. A la manœuvre, c'est Céline Lebreton, devenue « chief happiness officer » qui s'en est occupée avant de prendre le titre plus explicite de « responsable expérience collaborateurs ».

> *« Je n'ai aucun problème avec le titre "chief happiness officer", mais on s'est aperçu que c'est devenu un objet marketing pour le management, surtout dans les entreprises qui emploient beaucoup de jeunes. Or ce n'est pas en mettant un baby-foot dans le hall qu'on donne envie aux gens de rester, c'est en prenant soin d'eux au quotidien. Ce sont les collaborateurs qu'il faut mettre en avant, pas le baby-foot ! »*
> *[Céline Lebreton, responsable expérience collaborateurs]*

Néanmoins, on trouve bien un baby-foot chez V and B ! Mais ce n'est pas tout : la salle de pause est digne d'un foyer pour lycéens, avec une zone dédiée à la détente comprenant canapé, télévision, jeux vidéo, fléchettes, baby-foot, jeux de société… Largement de quoi relâcher la pression et passer de bons moments entre collègues.

Recruter, accueillir et intégrer

Lorsque le recrutement d'un nouveau collaborateur est acté par la direction, la première étape est bien sûr la rédaction d'une fiche de poste, avec les missions et les compétences requises par le manager concerné. L'annonce est ensuite diffusée en interne et en externe, puis c'est le même manager qui fait une présélection des candidatures. Sur ces bases, les candidats retenus suivent le même processus en 3 étapes… sauf quand ça s'arrête en cours de route :

- Un premier entretien avec le manager pour évaluer le savoir-faire et la projection du candidat dans le service
- Un deuxième entretien avec le DRH et/ou le DG, avec la réalisation d'un test d'évaluation comportementale
- Un entretien de présentation devant l'équipe à intégrer

Avec cette méthode, le recrutement n'est plus confié à une seule personne. La décision est prise collégialement entre le manager, le DRH et l'équipe avec laquelle le futur collaborateur va travailler. Une véritable différence par rapport aux modes de recrutement traditionnels. Après tout, qui est mieux placé pour choisir une nouvelle recrue que ceux qui vont travailler chaque jour avec elle ?

Une fois la décision prise, tout est organisé pour accueillir et intégrer le nouveau collaborateur au sein de l'entreprise et éviter les embarras classiques des grandes structures : une équipe qui n'est pas prévenue de votre arrivée, un manager invisible ou absent, un bureau quasi-vide, un premier déjeuner en solo à la sandwicherie du coin… Ceux qui ont connu ces désillusions du premier jour dans une nouvelle entreprise se rappellent de la sensation de néant qui l'accompagne.

> *« En France, 1 salarié sur 5 quitte sa société au bout de trois mois à cause d'une mauvaise intégration. Pire : 4% décident de partir à cause d'une première journée désastreuse C'est inenvisageable chez nous puisque le facteur humain est la clé de notre fonctionnement. Donc notre objectif est exactement l'inverse : on veut faire sentir au nouveau collaborateur qu'il est attendu avec impatience, tout simplement parce que c'est vraiment le cas ! »*
> *[Céline Lebreton, responsable expérience collaborateurs]*

Tout doit être anticipé pour offrir les meilleures conditions de travail dès la première matinée du nouvel arrivant. Et ce qui va de soi va toujours mieux quand on l'organise !

- Anticipation des conditions de travail et installation du matériel nécessaire : bureau, fournitures, kit de bienvenue, ordinateur, adresse e-mail et accès aux différents systèmes internes, véhicule de société, téléphone, équipements et toutes les spécificités liées au poste de travail…
- Annonce à l'ensemble des collaborateurs du recrutement et de l'arrivée du nouveau collaborateur par le service RH (mail et réseau social d'entreprise)
- Désignation d'un parrain/marraine par le manager avant l'arrivée du nouveau collaborateur
- Accueil du nouvel arrivant par le manager, présentation à l'équipe et prise de connaissance autour d'un café
- Transmission de l'organigramme et du livret d'accueil (pour s'imprégner de la structure et des différents services, avec leurs rôles et leurs missions)
- Organisation d'un après-midi d'intégration pour présenter l'entreprise et son histoire, transmettre toutes les spécificités liées à la culture d'entreprise et sa vision pour l'avenir
- Visite des bureaux, de la centrale d'achat et du magasin de Château-Gontier pour finir la première journée par un moment de convivialité
- Organisation d'un « Café du DG » dans les 2 premières semaines d'intégration afin de créer un échange privilégié entre la nouvelle recrue et le directeur général
- Planification d'une journée d'immersion au sein du service d'exploitation logistique et du magasin de Château-Gontier, afin de comprendre la finalité du travail quotidien (servir les clients et le réseau de magasins)

Le premier jour est donc crucial, car c'est un avant-goût de l'aventure V and B qui débute. Mais tout ne se joue pas le jour J, car intégrer un nouveau collaborateur est un long travail pour l'entreprise. Pour cela, il a été décidé de prévoir un début des contrats de travail le 1er du mois ou à la moitié du mois, ce qui permet de créer une logique de « promo » pour les nouveaux arrivants, en les intégrant ensemble pour favoriser l'esprit collectif dès le début.

> Ce n’est pas en mettant un baby-foot dans le hall qu’on donne envie aux gens de rester, c’est en prenant soin d’eux au quotidien.

Céline Lebreton
Responsable expérience collaborateurs

Après cette journée d'accueil, l'intégration se poursuit pendant les premières semaines : chaque nouveau est accompagné dans son périmètre d'action, en s'assurant que toutes les compétences requises ont bien été acquises. Des points réguliers sont organisés pour prendre la température, récolter des feedbacks et s'assurer du bien-être de chacun.

> *« Nous avons mis en place ce processus de recrutement et d'intégration depuis le 1er septembre 2018, et nous en avons vu rapidement les avantages. Les nouveaux salariés sont rapidement à l'aise et nous renforçons la cohésion en mutualisation tous les pots d'arrivée, les visites d'entreprise, la formation aux outils internes. C'est du gain de temps pour tout le monde et une occasion supplémentaire de partager de bons moments ! »*
> *[Céline Lebreton, responsable expérience collaborateurs]*

Ecouter et impliquer

Un aspect original du groupe V and B est la jeunesse de son staff : les équipes du siège social ont une moyenne d'âge d'environ 32 ans. C'est un formidable réservoir d'énergie mais ça demande aussi un accompagnement fort afin de faire progresser chaque salarié pour qu'il s'épanouisse dans son métier actuel et sa carrière future. Les managers doivent donc rester facilement accessibles, ce qui a nécessité de mettre en place des choses simples mais efficaces :

- Les portes des bureaux restent ouvertes mais un système d'affichage permet de savoir quand les gens sont disponibles et quand ils ont besoin de rester concentrés
- L'utilisation des Hangouts et de l'appli WhatsApp permet de poser des questions rapidement sans passer par la conformité des mails (ces échanges permettent également de rassurer rapidement sur un questionnement, un avis ou un oubli)
- Lors des réunions de service, les collaborateurs sont invités à adopter une posture active pour exprimer clairement leur avis (accord ou désaccord), faire des suggestions ou poser des questions
- Le réseau social d'entreprise permet d'interagir entre communautés de service ou groupes projets et chaque membre peut poster librement des bonnes pratiques, des idées ou des suggestions

Ces outils et cette attention aux propositions des collaborateurs permettent un fonctionnement plus fluide, à la fois au sein des services et entre les services. Mais l'implication du staff ne s'arrête pas là.

> *« Nous sommes convaincus que la meilleure manière d'associer les collaborateurs aux décisions est de travailler de façon collaborative. Et ce n'est pas qu'un mot à la mode. On lance régulièrement des commissions qui peuvent se construire sur la base du volontariat et étudier une problématique pour proposer des solutions adaptées. »*
> *[Antoine Porcher, directeur général]*

Ces commissions thématiques ne sont pas des comités Théodule pour occuper la pause-déjeuner des salariés mais bien des organes de propositions sur des sujets variés... et parfois surprenants.

Par exemple, en avril 2016, la coutume d'utiliser la bise pour se dire bonjour a été remise en cause. Face au désaccord d'une partie des collaborateurs, la « commission bisou » a été créée pour imaginer les nouvelles règles de cette pratique et conserver cet usage dans le respect des valeurs de l'entreprise. Depuis les décisions de cette commission, la « tournée des bureaux » se limite à 9h05 pour ceux qui arrivent au travail. Ensuite, il faut attendre la pause de 10h45 pour se rattraper. Ainsi, plus question de se faire la bise en déboulant dans un open-space à 10h. Désormais, on salue poliment de la main sans déranger tout le monde. Idem pour ceux qui ont un bureau solo, si la porte est fermée, on peut saluer de loin et on ne dérange qu'en cas d'urgence. A 10h45, c'est la pause officielle et on peut rattraper les bisous en retard ou échanger sur les infos du moment.

Pour aller plus loin, un « kit bisou » a même été imaginé et distribué à l'ensemble des collaborateurs avec 3 disques signalétiques qu'on peut afficher sur son bureau :

- « Ne pas déranger » (= j'ai une urgence, merci de me laisser bosser)
- « Malade » (= je ne souhaite pas vous contaminer)
- « Absence » (= pas de bisou aujourd'hui mais je reviens... avec la date/heure de retour)

« Peu importe le sujet, le travail collaboratif fait partie intégrante de notre ADN. Nous incitons à la mise en place de groupes projets mélangeant des salariés des services impliqués et aux compétences différentes. Chaque salarié peut ainsi apporter quelque chose, même si cela ne correspond pas à son domaine de compétences initial. »
[Céline Lebreton, responsable expérience collaborateurs]

Les disques signalétiques issus de la commission bisous

Dans le champ moins anecdotique, une commission «Safe & Happy» est née en mars 2018, avec pour mission de recenser les risques sur chaque poste de travail et d'établir un plan d'actions par ordre de priorité mais aussi d'améliorer les conditions de travail (port de charges lourdes, ergonomie…). Cette commission est constituée de 2 chefs de projets entourés de volontaires sensibles aux questions de sécurité et d'amélioration des conditions de travail.

« La consultation des collaborateurs est automatique dès qu'il s'agit de la mise en place ou de la modification d'une procédure interne car nous sommes convaincus que personne n'est mieux placé pour améliorer un process que ceux qui l'utilisent chaque jour. »
[Antoine Porcher, directeur général]

Communiquer et inspirer

Si vous avez lu les 5 premiers chapitres de ce livre, vous avez remarqué que dans l'aventure V and B, rien n'a été calculé dès le départ. Le navire avait un cap, mais l'équipage n'élaborait pas de plan sur la comète et encore moins de tactique en trois bandes. La société a grandi de façon assez naturelle pendant les 15 premières années, en saisissant les occasions qui passaient et en faisant fructifier les rencontres qui se produisaient.

Mais à partir de 2015, le besoin de mieux structurer l'entreprise s'est fait sentir. Au même moment, les deux fondateurs ont souhaité prendre du recul par rapport à leurs fonctions opérationnelles. Ils ont donc nommé un nouveau directeur général, Antoine Porcher, qui s'est entouré de collaborateurs pour construire une nouvelle équipe de direction. Pour redonner du sens au travail de chacun, cette nouvelle équipe a élaboré un projet d'entreprise nommé « H200 », afin de d'écrire les grandes orientations stratégiques sur la période 2015 à 2020.

Pour élaborer ce projet, chaque service a été impliqué de façon collaborative pour traduire les grandes orientations de l'entreprise en termes de missions et d'objectifs, mais aussi de besoins matériels et humains. Chaque collaborateur est devenu acteur du projet. Ce document sert ainsi de fil conducteur pour l'action quotidienne et de base pour transmettre la culture d'entreprise. Outre ce grand chantier, une autre action interne permet à chaque salarié de mieux comprendre les contraintes et les enjeux des autres services, tout simplement en y passant une journée.

> *« Donner du sens au travail passe également par la compréhension de la réalité de l'autre. Plus nous connaissons le rôle, les missions, les contraintes et les attentes de chaque collaborateur, plus il est facile de travailler ensemble et comprendre les demandes des autres. »*
> *[Céline Lebreton, responsable expérience collaborateurs]*

Et ces journées façon « Vis ma Vie » ne sont pas réservées aux agents de maîtrise. La responsable financière a tenté l'expérience en passant une journée dans la peau d'une assistante achats, le directeur général a passé une journée à l'entrepôt en préparation de commandes, la coordinatrice logistique a découvert le poste d'assistante développement pour mieux comprendre les enjeux et les contraintes du développement du réseau…

Cette façon d'impliquer chaque collaborateur permet de faire preuve de pédagogie pour expliquer les décisions, en particulier lorsqu'il y a des incompréhensions, ce qui contribue à donner du sens au travail de chacun. A cet effet, la communication est une composante importante de l'animation interne. Outre les e-mails et les échanges informels autour d'un café, V and B utilisait une newsletter mensuelle jusqu'en 2018, remplacée depuis par un réseau social d'entreprise.

> *« Grâce à ce nouvel outil, nous communiquons les mêmes types d'informations mais de façon plus réactive : nous publions les informations au fur et à mesure et plus seulement 1 fois par mois donc tout le monde est informé en temps réel. »*
> *[Céline Lebreton, responsable expérience collaborateurs]*

Ce réseau social d'entreprise nommé « BIIM » permet aussi à chaque salarié de devenir acteur de la communication, via des communautés thématiques qui peuvent être à visée professionnelle (une communauté par service et étendue à l'ensemble des collaborateurs) ou à visée extraprofessionnelle. On y trouve par exemple des communautés comme « les Sportifs by V and B » qui organisent des activités sportives entre collègues, « les femmes by V and B » qui organisent des activités entre filles, « les bons plans V and B » pour partager tous les bons plans du moment…

A cela s'ajoutent différents temps forts comme les « Journées Managers » qui permettent de transmettre un certain nombre d'informations auprès des responsables de services, afin qu'ils puissent mieux informer leurs équipes. Moins classique, « le speech du DG » est une intervention trimestrielle menée par Antoine Porcher face à l'ensemble des collaborateurs pour apporter de l'information sur le groupe et le réseau.

Et ce n'est pas un one-man-show pour faire plaisir au patron : cette intervention, qui dure environ 1h30, se termine toujours par un moment appelé « On s'dit tout ». Il permet aux collaborateurs de poser (de façon anonyme ou non) toutes les questions qu'ils pourraient avoir sur les sujets qu'ils souhaitent, dans le but d'apporter de la transparence. Pour cela, des boîtes à questions sont déposées dans les salles de pause (une semaine avant) pour récolter toutes les questions. Le directeur général répond aux questions en direct et un rapport est envoyé ensuite à l'ensemble des salariés avec toutes les questions, les réponses et éventuellement les compléments apportés.

Transmettre et faire évoluer

Chez V and B, comme on recrute sur le savoir-faire, on considère que l'évolution interne fait partie de l'aventure et qu'on ne sait jamais de quoi l'avenir est fait. Si on se bouge et si on veut apprendre, les possibilités sont infinies !

- Adrien est arrivé chez V and B en tant que préparateur de commandes avant d'ouvrir son propre magasin V and B en tant que franchisé en 2013 à Angoulême
- Emmanuel, caviste dans une cave à vins appartenant au groupe est aujourd'hui responsable du service Achats
- Thomas a débuté en tant qu'alternant au magasin V and B de Château-Gontier après un BTS tourisme ; il est devenu coach-réseau et occupe aujourd'hui un poste de formateur au sein de l'école de formation de V and B (Forma Drinks)
- Avec une formation initiale de magasinier, David est recruté au poste de préparateur de commandes en 2007 pour devenir directeur logistique quelques années plus tard et prendre la tête de Truck VB (l'entreprise de transports de V and B)
- Amélie s'est formée au métier de la communication en alternance dans une agence de communication dont V and B est associée puis a intégré V and B comme community manager en 2014 avant de devenir responsable du pôle digital
- Antoine est arrivé en 2007 avec une formation en viticulture et œnologie… puis est devenu directeur général en 2015

> *« L'entreprise doit faire confiance à ses collaborateurs. En moyenne, on doit avoir 6 ou 7 étudiants en alternance chaque année. Et le but n'est pas d'avoir de la main d'œuvre pas chère ! Le but, c'est de les embaucher à temps plein quand ils obtiennent leur diplôme. »*
> *[Jean-Pierre Derouet, cofondateur]*

Pour aider les salariés à grandir dans l'entreprise, la direction des ressources humaines inclut un poste dédié à la gestion des demandes de formations et à la recherche de formations appropriées. L'entretien individuel annuel permet de faire émerger ces demandes et ces besoins, qui peuvent être liés à de nouveaux objectifs ou à des désirs de mobilité interne. Tout est pris en compte puisque l'intention est de garder les salariés au sein de la société et épanouis dans leur emploi.

Remercier et célébrer

Maintenir une bonne ambiance de travail est un enjeu fort pour le groupe, mais pas seulement par goût de la convivialité. Derrière la bonne humeur et la débauche d'énergie, on travaille beaucoup chez V and B ! Dès lors, il est important de reconnaître les efforts de chacun, selon la règle bien connue du donnant-donnant.

Par exemple, les managers n'interviennent pas vraiment dans les emplois du temps de leurs équipes et leur laissent beaucoup de latitude dans leur organisation. Il y a un objectif à atteindre mais les collaborateurs sont libres dans leur façon de l'atteindre. Les horaires restent donc très souples et il est possible de se rendre à un rendez-vous médical sur son temps de travail sans déclencher toute une machinerie administrative.

Les remerciements prennent aussi la forme plus classique de mails individuels ou collectifs, mais aussi de versement de primes sur objectifs, d'attribution de temps libre (via des journées de récupération) ou d'organisation de séminaires festifs qui boostent la cohésion et permettent de participer à des activités nouvelles ou de voyager. Certains services ont ainsi pu se rendre à Porto le temps de quelques jours, d'autres ont réalisé une sortie en mer sur le bateau V and B, une initiation au char à voile ou un tournoi de karting.

Pour garder un esprit familial, V and B tâche aussi de prendre un peu de temps pour s'impliquer dans les moments qui marquent la vie des uns et des autres. Par exemple, à chaque naissance, une cagnotte collective est mise en place et permet d'offrir des cadeaux aux parents et au nouveau-né, souvent à l'occasion d'une petite pause pendant laquelle les jeunes parents viennent présenter leur bambin. Des chèques cadeaux d'une valeur de 150€ par enfant sont aussi offerts par l'entreprise, ainsi que des bavoirs logotés à la marque de l'enseigne ; un véritable baptême de petit VandBiste !

> *« Dans une famille, on se soutient dans les moments difficiles et on partage les moments de joie. C'est pour cela que tous les moments particuliers ou évènements font l'objet de petites marques d'attention. »*
> *[Céline Lebreton, responsable expérience collaborateurs]*

Pour de bons moments comme les mariages, V and B offre également des chèques cadeaux d'une valeur de 150 €. Et pour les moments tristes comme le décès d'un proche de collaborateur, l'entreprise marque une attention particulière avec un bouquet de fleurs pour le défunt. Dans certaines situations compliquées, il est également arrivé que soient faites des avances sur salaire, voire des avances sur gratification avec des reprises étalées.

De façon plus surprenante, V and B n'a pas mis en place de comité d'entreprise avant le mois de mars 2020. Pour autant, plusieurs avantages sont offerts aux collaborateurs depuis longtemps, indépendamment du cadre législatif.

> *« L'idée, c'est de se faire plaisir. Donc on a envie de faire plaisir ou de porter une attention particulière, on le fait avec spontanéité. On n'a pas besoin de faire une réunion pour savoir si on organise une dégustation ou si on offre des cadeaux. On le fait, c'est tout ! »*
> *[Emmanuel Bouvet, cofondateur]*

Ainsi, chaque vendredi matin, les acheteurs dégustent des dizaines de références de produits et sont amenés à ouvrir des bouteilles de vins, bières ou spiritueux. Plutôt que de vider ces bouteilles dans l'évier après dégustation, elles sont laissées à disposition des collaborateurs qui peuvent se servir et rapporter quelques bouteilles pour le week-end. Parfois, il arrive qu'il reste des « queues de stock » ou des produits qui ne se vendent plus. L'entreprise procède alors à une distribution en interne plutôt que de brader les produits ou de les envoyer chez des destockeurs.

Autre événement sympa : le vendredi midi, tous les collaborateurs qui le souhaitent sont invités à se retrouver au magasin de Château-Gontier et chacun peut prendre une consommation à la charge de l'entreprise. L'objectif est de créer un moment d'échange et de partage entre tous les collaborateurs, mais également de permettre à chacun de s'éveiller

On s’adapte aux besoins de chacun, et ces besoins peuvent évoluer avec le temps. Le principe du donnant-donnant devient inévitablement du gagnant-gagnant si tout le monde joue le jeu.

Céline Lebreton
Responsable expérience collaborateurs

gustativement avec les produits distribués par V and B. Dans la même idée de découverte des produits, de nombreuses formations sont organisées pour permettre aux salariés d'être plus à l'aise avec les produits lorsqu'ils sont amenés à en parler dans le cadre personnel ou professionnel.

A cela s'ajoute des places offertes pour des événements sportifs ou festifs et de nombreux événements internes :

- Les Before-Works sont des activités de groupe basées sur le volontariat et qui ont lieu une fois par mois, de 8h à 9h, pour s'amuser ensemble avant de commencer sa journée de travail, en pratiquant des activités comme une initiation au yoga, du tir à l'arc, un cours de cuisine, un tournoi de jeux vidéo...
- Les After-Works ont lieu un jeudi par mois, de 18h à 19h, et prennent la forme d'ateliers de dégustation de vin, pour découvrir chaque mois différents vins, avec des conseils sur les accords mets-vins
- Les Chouchou Days sont organisés 2 fois par an et proposent gratuitement à l'ensemble des collaborateurs des prestations telles qu'un massage du visage ou du dos, une manucure, une coupe de cheveux ou une taille de barbe (un coiffeur et une esthéticienne se déplacent dans les locaux pour proposer les soins sur le temps de travail)
- La journée de Noël a lieu en décembre et l'entreprise offre un chèque cadeaux de 25 € pour chaque enfant de collaborateur (à faire valoir dans un magasin de jouets de Château-Gontier), les cadeaux sont distribués au moment de l'Arbre de Noël par un Père Noël qui offre des bonbons en plus des cadeaux ; les enfants peuvent ensuite profiter de leur jouet et regarder un dessin animé pendant que les collaborateurs présents sont conviés à partager un apéritif dinatoire (à noter que l'ensemble des collaborateurs sont invités à cet événement, qu'ils aient des enfants ou non).

Equilibrer vie professionnelle et vie personnelle

Avec un rythme de travail soutenu et des activités extra-professionnelles aussi nombreuses, il deviendrait facile de se laisser absorber et de ne vivre que pour et par l'entreprise. Attention, danger !

« Tu peux vivre une vie 100% V and B et ça peut avoir un côté sympa, surtout quand tu es célibataire ou que tu arrives d'une autre ville, car tu rencontres plein de monde et les activités sont généralement très chouettes, avec une super ambiance. Mais avec le temps, si tu veux préserver une vie personnelle et une vie de famille, il faut aussi savoir équilibrer les choses. J'essaye donc de participer régulièrement aux activités, mais j'essaye aussi d'avoir une vie en-dehors. »
[Charlotte Porcher, responsable financière]

Lorsque les salariés étaient moins nombreux, il était assez simple de prendre des mesures pour permettre aux collaborateurs de bien conjuguer vie professionnelle et vie personnelle, mais avec des effectifs croissants, il a fallu structurer les pratiques et rappeler à tout le monde que travailler jour et nuit n'est profitable à personne.

« Parce que je me suis mal organisé ou parce que je suis débordé, il m'arrive d'envoyer des e-mails assez tard ou même le week-end. Mais lorsque c'est le cas, je précise dans le texte que mon message n'a aucun caractère d'urgence et qu'il n'est pas utile d'y répondre en-dehors des heures de bureau. C'est une mesure préventive pour éviter l'excès de zèle de celles et ceux qui sont connectés en permanence à leurs outils professionnels pour montrer qu'ils sont réactifs et je ne me gêne pas pour engueuler un collaborateur quand je reçois un mail à 23h. La nuit, c'est fait pour dormir ! »
[Christophe Thual, directeur des ressources humaines]

Ainsi, l'entreprise est ouverte du lundi au vendredi de 9h à 12h puis de 14h à 18h. Pour les collaborateurs travaillant dans les bureaux, la plage horaire de la journée peut s'étendre de 8h jusqu'à 18h. Le temps de travail étant de 7h par jour, chacun peut commencer plus tôt pour finir plus tôt. Il est aussi possible de réduire leur temps de pause du midi pour finir plus tôt le soir, ce qui permet par exemple d'aller chercher les enfants à l'école ou de pratiquer un loisir culturel ou sportif en début de soirée.

À PRENDRE OU À LAISSER !

De l'animation RH à la marque entreprise

Même lorsque le taux de chômage est élevé, recruter n'est pas toujours simple. Non seulement il faut trouver le savoir-faire et le savoir-être qu'on recherche, mais il faut aussi que la personne concernée ait envie de nous rejoindre… et de rester parmi nous !

Pour faire écho au précédent chapitre sur la vision et les valeurs, il est utile de rappeler les mots de Simon Sinek dans son livre *Comment les grands leaders inspirent l'action* :

> *« Le but n'est pas seulement d'employer ceux qui ont besoin d'un travail, c'est d'employer ceux qui partagent vos convictions. Si vous engagez des gens uniquement parce qu'ils peuvent faire le travail, ils vont travailler pour votre argent, mais si vous engagez ceux qui partagent vos convictions, ils travailleront pour vous avec sang, sueur et larmes. »*

Afficher des valeurs fortes n'est donc pas un handicap mais bien un atout, même si ces dernières ne plaisent pas à tout le monde : on n'attire pas certaines personnes, mais ce sont de celles-là qu'on ne voulait pas non plus !

Néanmoins, il ne suffit pas de prêcher des valeurs pour rayonner, il faut aussi les mettre en œuvre. Pour cela, il faut trouver une alchimie entre les valeurs, la stratégie et l'organisation, ce qui passe par aux moins 3 choses :

L'organisation spatio-temporelle des infrastructures

L'organisation spatio-temporelle des infrastructures, c'est-à-dire la géographie des locaux et la dynamique entre les gens. Certaines entreprises regroupent les managers à un étage et les collaborateurs à d'autres étages, mais il est sans doute plus utile de rapprocher physiquement les personnes qui ont besoin d'être en interaction. Certes, les e-mails et les téléphones sont efficaces, mais on ne fera jamais mieux qu'une discussion de visu pour transmettre un message et prendre la température d'une équipe.

L'organisation des process et des méthodes

L'organisation des process et des méthodes, c'est-à-dire la façon de travailler au quotidien, aussi bien dans le processus de décision que dans les étapes de mise en œuvre. C'est une chose de lancer des projets, c'est autre chose de les accompagner (en amont comme en aval). Ce sont les systèmes qui influencent les humains donc il importe de fixer des cadres qui offrent un mélange d'autonomie et de responsabilité, pour que les décideurs deviennent des facilitateurs plutôt que des goulots d'étranglement.

L'organisation et la gestion des carrières et des évolutions

L'organisation et la gestion des carrières et des évolutions, avec la prise en compte du concept de « employee lifetime value », qui vise à faire évoluer les gens dans l'entreprise en fonction de leurs envies et de leurs besoins. Cela implique une politique de formation basée sur les besoins de l'entreprise mais aussi sur les inclinaisons des collaborateurs. Par exemple, une employée administrative peut s'avérer être une ressource créative si on lui en donne l'opportunité et les outils dans un domaine qui l'intéresse à titre personnel et professionnel.

Ce qu'il faut garder en tête, c'est que c'est le contexte qui crée les comportements, pour le meilleur ou pour le pire. On a vu des entreprises changer drastiquement de performance ou d'ambiance (les deux étant souvent liées) suite à la mise en place d'une nouvelle gouvernance ou de nouvelles méthodes de gestion. Dès lors, quel contexte voulez-vous créer pour obtenir les comportements et les résultats que vous désirez ?

Les injonctions ne suffisent pas. Dire « soyez créatifs » est inutile si les équipes ne sont pas outillées pour la créativité, sans parler du « soyez spontanés » qui est une injonction contradictoire à elle seule ! De même, on ne décide pas d'être innovant ; on crée le contexte pour être innovant. Donc si vous désirez devenir ou rester une entreprise innovante, vous devez travailler de manière innovante… ce qui motivera les profils innovants à rejoindre votre organisation. Les grands principes du management s'appuient souvent sur une sagesse populaire : on récolte ce que l'on sème, donc il faut semer des jolies graines pour récolter des beaux fruits.

A PRENDRE OU À LAISSER !

Les cercles d'or
- Simon Sinek -

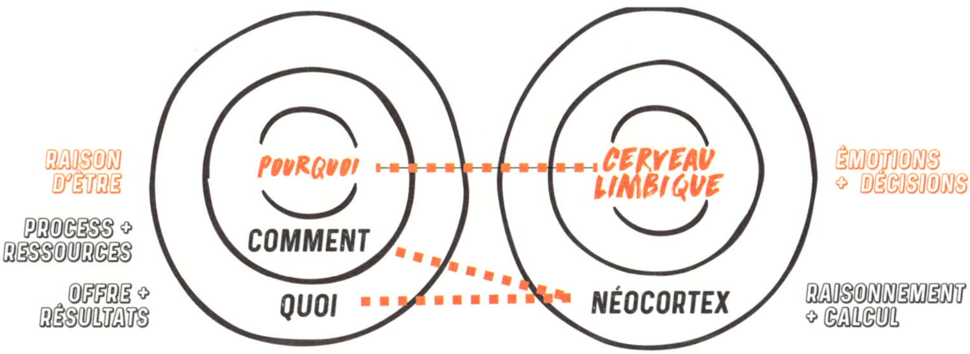

Ce concept de Simon Sinek est original puisqu'il se fonde sur la biologie. Il a pu découvrir que notre cerveau limbique était le siège de nos émotions et de nos décisions. Incapable de langage, le cerveau limbique «ressent» les choses, mais pilote nos actions.

Quant au Néocortex, il est acteur du calcul, du raisonnement et du langage, mais ne pilote pas nos décisions, il vient plutôt les modérer, les moduler.

En créant du sens, notre cerveau limbique est sollicité et favorise donc la prise de décision et l'action...pour tout savoir, offrez-vous quelques minutes pour visualiser sa vidéo sur Internet ;-)

Retrouvez la vidéo de Simon Sinek sur Youtube via ce QR code :
ou saisisez « simon sinek golden circles » dans Google.

En haut, Jean-Pierre et Manu, au milieu Noël 2006, en bas à gauche, la naissance du concept de bar V and B à Chateau-Gontier (2001), en bas à droite en 2009, les débuts du marketing avec les mascottes Vi and Bi (2010).

De haut en bas : Inauguration du Class 40 V and B avec Bernard Hinault, Maxime Sorel , Emmanuel et Jean-Pierre, Journée d'entreprise avec les équipes du siège, la victoire sur la Transat Jacques Vabre en 2017.

Compans
Pau
Béziers

Page de gauche, souvenirs des V and B Days de 2016 à 2020 : collectif, défis, ateliers, l'incontournable plénière et la traditionnelle peña, des sourires et de l'énergie, plein d'énergie ! Page de droite, en haut, la Finale Nationale des MVF (Meilleur VandBiste de France)en mode Primetime...mais un seul vainqueur ! En bas, vue sur la scène 1 du V and B Fest (2019).

PARTAGEUR DE BONS MOMENTS

\- 7 -

Maintenir la sève

La sélection et l'accompagnement du staff comme des franchisés sont un point auquel V and B accorde beaucoup d'attention, mais quid de la suite ? Maintenir l'esprit des débuts, l'ambiance conviviale et l'envie d'exploser les compteurs n'est pas si simple.

> *« A la base, notre culture, c'est de connaître tout le monde, mais ça devient difficile : on est désormais plus de 1500 au total dans le réseau donc c'est compliqué de rencontrer chaque nouvel arrivant et de faire connaissance avec lui. »*
> *[Emmanuel Bouvet, cofondateur]*

Maintenir la sève au siège

Pour commencer, au-delà des nombreuses activités organisées au siège social qui permettent de maintenir une bonne ambiance de travail, la gestion des ressources humaines est cruciale : l'intégration est poussée à fond mais cela ne résout pas la question de l'évolution des carrières. Ce qu'on a coutume d'appeler la «gestion prévisionnelle des emplois et compétences» est devenue un enjeu stratégique si le groupe poursuit sa croissance.

> *« Non seulement nous laissons la possibilité à chacun de pouvoir évoluer dans l'entreprise, mais nous l'encourageons. Par exemple, si un collaborateur veut évoluer vers des fonctions d'encadrement, nous l'accompagnons avec des formations en management. »*
> *[Céline Lebreton, responsable expérience collaborateurs]*

Ainsi, deux fois par an, des formations internes sont organisées pour reprendre les bases du management et des pratiques managériales qui doivent être mises en place dans l'entreprise. Pour aller plus loin dans cette démarche et pour répondre à des besoins d'accompagnement plus poussés, des formations en management sont également assurées par un organisme extérieur. Les collaborateurs sont également encouragés à participer à des salons et assister à des conférences, ce qui permet de s'inspirer et de se nourrir des bonnes pratiques des autres entreprises du secteur.

Les histoires de formations et de promotions internes sont nombreuses au cours des 20 premières années d'existence de V and B, mais rien ne dit que les belles histoires seront aussi nombreuses pendant les 20 années suivantes.

> *« Identifier un besoin et former un collaborateur en quelques mois est possible quand on est moins d'une centaine et que la communication interne est fluide. Mais quand on approche les 200 salariés et qu'on fonctionne à flux tendu, les choses prennent plus de temps. Le but est toujours de faire progresser les collaborateurs en interne, mais c'est vrai que c'est moins simple qu'avant. »*
> *[Christophe Thual, directeur des ressources humaines]*

De plus, le groupe s'est construit en grande partie autour de personnages « historiques » qui sont arrivés tôt dans l'aventure et qui connaissent les fondateurs depuis longtemps. Aucun d'eux n'a émis son souhait de quitter le navire pendant les entretiens réalisés pour ce livre, mais c'est parfois la vie qui choisit. Un accident, un burn-out, une maladie, une mutation du conjoint, une difficulté familiale lourde à gérer… Nombreuses sont les circonstances imprévues qui pourraient mettre un grain de sable dans les rouages. La gestion des « hommes clés » revêt donc un enjeu particulier quand on a réussi à conserver un fonctionnement familial malgré une croissance exponentielle.

Dès lors, outre la formation à de nouveaux savoir-faire strictement professionnels, imaginer de nouvelles formations qui conjuguent développement personnel et développement professionnel est une piste à envisager. D'ailleurs, les encadrants qui en expriment le besoin peuvent être accompagnés par un coach particulier, ce qui permet une approche plus personnalisée des objectifs à atteindre et des moyens à mettre en œuvre. Sans doute une bonne idée qu'il faudrait pousser encore plus…

> *« Avec un groupe qui élargit à la fois son réseau et ses activités, il y a besoin d'une gestion dynamique des compétences et des évolutions. Ça nécessite de faire preuve d'agilité et de prendre le temps d'y réfléchir, or c'est précisément le temps qui nous manque, puisque tout avance très vite. Mais on peut aussi s'appuyer sur la culture d'entreprise pour repenser notre organisation : le système influence les hommes dans leur façon de penser et leur façon d'agir. »*
> *[Richard Zuber, directeur expérience client]*

Voilà une belle piste à explorer : la culture d'entreprise. Souvent implicite, plus rarement explicite, c'est un ensemble de valeur et d'engagements qui servent de socle à l'action quotidienne et aux projets à long terme. Chez V and B, la culture d'entreprise est portée par une vision, quatre valeurs et dix engagements.

> *« Notre vision, c'est d'être des déclencheurs d'envie. Ça veut dire initier le mouvement, lancer des dynamiques, créer des entreprises autour d'un collectif épicurien, porté par une même envie de partager des plaisirs simples : boire un verre entre collègues ou entre amis, se rassembler autour d'un bon petit plat, passer la soirée à refaire le monde La vie, quoi ! »*
> *[Jean-Pierre Derouet, cofondateur]*

Cette vision s'appuie sur quatre valeurs au service d'une conviction : Croire que tout est possible !

- S'ouvrir aux autres : le collectif est le socle de la réussite de V and B. Favoriser les échanges, les rencontres, la cohésion, faire preuve de sociabilité et d'ouverture
- Faire simple : rester authentique, aller droit au but, favoriser l'intérêt général
- Oser oser : penser hors cadre, faire preuve d'audace, bouger les lignes, croire qu'il est possible de faire différemment
- Cultiver la grinta : la niaque, l'envie, l'optimisme, l'esprit d'entreprise et la conviction que rien n'est impossible.

Mais la sève de V and B, c'est aussi beaucoup d'énergie ! Et ce n'est pas aussi facile de transmettre de l'énergie à une équipe de 10 personnes réunies dans un bureau qu'à presque 200 collaborateurs répartis dans 2 bâtiments sur plusieurs hectares.

> *« On a eu la chance que les fondateurs nous fassent confiance. Etre à la fois autonome et responsable de sa mission, c'est ça qui donne la pêche ! Donc j'essaye de reproduire ça en interne pour que tout le monde soit content de venir bosser. Développer le bien-être des équipes en donnant du sens à la fonction et de l'autonomie dans son exécution, c'est la base. »*
> *[Antoine Porcher, directeur général]*

Une autre façon de maintenir la sève est de multiplier les projets sans se donner de limite. Nous y reviendrons plus tard mais V and B aime se lancer de nouveau défis, que ce soit en organisant un festival musical au cœur de la Mayenne, en participant au Vendée Globe, en créant une brasserie pour inventer ses propres produits, en transformant ses anciens locaux en lotissement d'habitation, en rachetant des restaurants… Loin d'être une approche désordonnée, c'est une autre façon de promouvoir des valeurs d'aider V and B à conserver une image de leader.

> *« Croire que tout est possible, c'est notre devise. Mais on ne peut pas se contenter de le dire, on doit le prouver chaque jour. »*
> *[Jean-Pierre Derouet, cofondateur]*

Maintenir la sève dans le réseau

Outre les bureaux de Château-Gontier, le groupe V and B, c'est surtout les 220 magasins (et plus) qui constituent son réseau dans toute la France ! Maintenir un état d'esprit et une envie d'agir à distance n'est pas chose aisée. Mais l'énergie, ça se diffuse, et c'est aux racines d'irriguer les branches si on veut maintenir la sève, car il y a peu de chances que ça se produise en sens inverse. Pour cela, c'est toute une équipe de « coachs réseaux » qui s'active pour aller à la rencontre des franchisés et les aider à développer leur magasin et leur activité. Un peu dans l'esprit des débuts, les coachs sont les couteaux suisses des magasins en même temps que les représentants de la

LES 10 COMMANDEMENTS V AND B

#1
FAIRE CONFIANCE À SON INSTINCT

SAVOIR FAIRE PREUVE D'ADAPTABILITÉ ET D'IMPROVISATION POUR TRADUIRE LES OPPORTUNITÉS EN SUCCÈS.. ..IL FAUT PROVOQUER LA CHANCE !

#2
GARDER LE CLIENT AU COEUR DE TOUTE ACTION

NOTRE RAISON D'ÊTRE, C'EST LE CLIENT, PAS NOUS !

#3
SAVOIR DIRE NON

ÊTRE INTRAITABLE SUR TOUT CE QUI PEUT METTRE L'ENTREPRISE OU SOI-MÊME EN DANGER...LE PLAISIR AU TRAVAIL N'EXCLUT PAS L'EXIGENCE.

#4
JOUER COLLECTIF

PORTER ET FAIRE VIVRE LES VALEURS AU QUOTIDIEN, SEUL ON VA PLUS VITE ENSEMBLE ON VA PLUS LOIN

#5
L'ÉTAT D'ESPRIT FAIT LA DIFFÉRENCE

ESPRIT D'ÉQUIPE, RESPECT ET BIENVEILLANCE ATTITUDE POSITIVE EN TOUTE OCCASION.

#6
SE REMETTRE EN QUESTION CONSTAMMENT

NE PAS S'ENDORMIR SUR SES SUCCÈS. SAVOIR SE REMETTRE EN QUESTION POUR RESTER EN MOUVEMENT

#7
DONNER SA CHANCE À CHACUN

FAVORISER LES INITIATIVES PERSONNELLES VEILLER AU SAVOIR-ÊTRE TOUT AUTANT QU'AU SAVOIR-FAIRE.

#8
CONSIDÉRATION ET RESPECT

RESPECTER L'ENSEMBLE DES ACTEURS DE NOTRE ÉCOSYSTÈME [COLLÈGUES, FRANCHISÉS CLIENTS, PARTENAIRES, FOURNISSEURS...] AINSI QUE LES IDÉES ET OPINIONS DIVERGENTES.

#9
COMPRENDRE LA RÉALITÉ DE L'AUTRE

SE METTRE À LA PLACE DE L'AUTRE, COMPRENDRE SES ATTENTES ET SES BESOINS POUR CONSTRUIRE UNE RELATION DE CONFIANCE, DES ÉCHANGES GAGNANT-GAGNANT.

#10
PARTAGER UN MOMENT PLUS QU'UN JOB !

TRAVAILLER CHEZ V AND B, C'EST PORTER LA CULTURE D'ENTREPRISE AVEC UN FORT ESPRIT DE FAMILLE, UN GRAIN DE FOLIE, BEAUCOUP D'HUMOUR ET UNE INCROYABLE ENVIE DE VIVRE DE BONS MOMENTS.

Note : Les 10 commandements ont été rédigés en 2017 de manière collaborative avec l'ensemble des salariés su siège franchise, avec à la fois une fonction de soutien auprès des franchisés et la mission de veiller au respect du concept dans les établissements.

> *« Notre activité au sein de V and B Concept, c'est d'assurer les services liés à la franchise : l'agencement, le développement, le marketing, l'accompagnement, le choix des emplacements. L'idée du coaching réseau, c'est la recherche du point d'équilibre entre franchiseur et franchisé pour que tout soit bénéfique à chacun. »*
> *[Romain Rouxel, directeur V and B Concept]*

La difficulté de cette mission, c'est qu'un franchiseur ne peut pas donner d'ordre à un franchisé. Il y a certains points non négociables dans le contrat de franchise, mais pour le reste, un coach réseau doit se limiter à encourager le franchisé à partager les bonnes pratiques, en jouant parfois un rôle de médiateur entre le siège social et le magasin.

> *« Ce n'est pas toujours simple mais c'est à nous d'avoir la bonne attitude. Face à un franchisé, on n'est pas là pour lui expliquer son métier, on est là pour accompagner son développement. Notre objectif n'est pas de savoir qui a raison mais d'avoir une meilleure performance. Il y a donc une relation de confiance à tisser mais on a un gros avantage chez V and B : les personnes à qui on parle sont des personnes qui nous ressemblent. »*
> *[Samuel Loury, coach réseau]*

Attention, la vie d'un coach réseau n'est pas une vie de tout repos qui consiste à boire des bières en faisant la tournée des magasins, loin de là ! Chaque coach est référent pour une trentaine de magasins et doit en visiter 4 par semaine et y consacrer la journée, la cinquième journée de la semaine étant réservée au suivi administratif. Si souvent l'accueil est chaleureux, il arrive aussi que des tensions rendent la visite plus compliquée…

Sur un territoire étendu, ça veut aussi dire qu'un coach passe aisément 2-3 soirées par semaine seul dans un petit hôtel. Certains adorent, mais ça ne convient pas à tout le monde, soit en raison d'un sentiment de solitude, soit parce que c'est vécu comme un frein pour la vie personnelle et sociale.

> *« Quand on n'est pas en réunion au siège, on n'a pas vraiment de collègues au quotidien. Même si on est une équipe soudée, il y a*

parfois une forme de solitude qui s'installe et une fatigue liée aux déplacements. Certains adorent ce mode de vie, d'autres changent de fonction au sein du groupe. Mais toutes les personnes qui rentrent dans l'équipe sont là pour évoluer et personne ne regrette d'avoir vécu cette expérience. »
[Bérénice Fabbro, coordinatrice coaching]

A chaque visite, c'est un peu le même rituel, qui se fait de façon plus ou moins décontractée, en fonction de la relation entre le coach et le franchisé.

« Quand tout va bien, c'est facile, on cherche simplement des idées pour que ça aille encore mieux ! Quand ça patine un peu, c'est plus compliqué On fait des constats et ensuite on pose des questions. L'objectif, c'est d'identifier des lacunes et de trouver des solutions ensemble. L'idéal, c'est de faire que l'idée vienne d'eux, par exemple en leur donnant l'exemple d'un autre magasin qui a connu une difficulté identique. Dans tous les cas, on est là pour les soutenir, donc on réfléchit à des plans d'actions communs. »
[Pauline Lamour, responsable coaching nord]

Néanmoins, les coachs ne nient pas qu'il existe parfois une difficulté quand ils font face à des magasins réticents. Il y a certains anciens qui ont du mal à faire confiance aux jeunes et qui étaient habitués à discuter directement avec les fondateurs. Il y a aussi les habitudes bien ancrées qui n'évoluent pas, voire une certaine peur du changement. Dès lors, il est indispensable de faire passer les messages avec diplomatie.

« Le plus gros risque pour les magasins qui se portent bien, c'est de s'endormir. D'ailleurs, on a remarqué que quand un magasin est en déclin alors qu'il tournait bien, il suffit souvent de changer le responsable pour que la tendance revienne au vert. Notre matière première, c'est l'humain, c'est aussi pour ça qu'on doit en prendre soin. Mais parfois, c'est aussi une des limites qu'on rencontre. C'est pour ça qu'on doit rester les premiers ambassadeurs de nos valeurs : la convivialité, le partage, la bonne humeur, l'humour mais surtout le dynamisme et l'envie ! »
[Florian Poupinel, responsable coaching réseau]

Maintenir la sève, c'est donc donner envie. Montrer aux magasins que le groupe est toujours là pour les soutenir et les accompagner, maintenir les échanges et la convivialité pour transmettre l'idée qu'on peut toujours progresser.

> *« Une façon de penser chez V and B, c'est de tout améliorer en permanence et de se remettre en question constamment car rien n'est acquis. C'est même encore plus dangereux quand on est en haut, car on a tendance à se relâcher. Maintenir la sève, c'est donc aussi rappeler d'où on vient et qui on est, car ça maintient cette énergie. V and B, c'est un état d'esprit et une façon d'être. Tant qu'on maintient cette sève, on peut grandir. »*
> *[Lucas Breger, responsable coaching sud]*

Et cette sève qui coule dans leurs veines, comment se voient-ils la faire vivre après quelques années à assumer des fonctions de coach réseau ?

> *« Impossible à dire, on fera tous un truc différent ensuite ! Il y a tellement de perspectives et de créations de postes en centrale ou dans le réseau. L'avantage, c'est que nos postes nous permettent de creuser en transversal : formation, marketing, produit. Donc ensuite, tu peux te spécialiser dans ce que tu veux, et il y en a beaucoup qui ouvrent des magasins, avec l'avantage de déjà bien connaître le fonctionnement de la franchise et les erreurs à éviter. »*
> *[Sacha Ménard, coach réseau]*

Concernant l'ouverture des magasins, force est de constater en tous cas que la sève est bien vivante. Les établissements qui posent problème sont une minorité tandis que 80% des franchisés veulent ouvrir un deuxième voir un troisième point de vente. Passer de franchisé « indépendant » à franchisé « multi-sites » est un changement d'échelle à anticiper, car c'est aussi un changement de métier.

> *« Il nous arrive de dire non à un franchisé qui veut ouvrir un deuxième site et ce n'est agréable ni pour lui ni pour nous. Gérer plusieurs magasins est un métier complètement différent, même si ton premier point de vente tourne super bien. Par nature, tu seras moins présent et tu perdras un peu de proximité donc tu dois apprendre à bien*

déléguer tout en t'impliquant au maximum. Je répète toujours qu'il faut faire attention à l'embourgeoisement mais c'est vrai ! Quand tu commences à te voir comme un propriétaire plutôt que comme un gérant, c'est que tu t'es éloigné de l'esprit d'origine. »
[Antoine Porcher, directeur général]

Et pour être tout à fait honnête, il y a aussi les fois où ça se passe mal. Par exemple, le magasin ouvert à Carquefou (près de Nantes) en 2004 a bien failli mettre la clé sous la porte, tout simplement parce que le gérant a décidé de fermer boutique et de partir vivre à Paris du jour au lendemain ! C'est le père de l'intéressé qui a téléphoné au siège de V and B pour les informer de cette contrariété, notamment parce qu'il avait lui-même investi de l'argent dans l'établissement…

La solution est vite trouvée : un salarié du magasin de Château-Gontier se porte volontaire pour reprendre les rênes de la boutique et déménage dans l'agglomération nantaise afin de sauver ce qui peut l'être. Aujourd'hui, le magasin fonctionne toujours très bien et a déménagé dans des locaux plus grands à quelques encablures du stade de la Beaujoire.

« On n'est pas à l'abri d'une erreur de casting mais fermer un magasin, c'est la solution de facilité. Nous, on cherche un plan B et on essaye de se montrer créatif. C'est parfois difficile d'être entendu sur le sujet, mais quand un magasin ne fonctionne pas, ce n'est pas toujours à cause de l'emplacement, de la ville ou du voisinage. c'est bien souvent à cause de la personne qui est aux manettes ! »
[Antoine Porcher, directeur général]

La leçon est donc retenue et sera utile. Dix ans plus tard, c'est le magasin de Mulhouse qui fait grise mine car le franchisé n'est manifestement pas au niveau. Le bar reste vide, la cave est peu fréquentée et les dettes s'accumulent…

« Cette fois, on n'a pas attendu que le magasin ferme. On aurait pu le laisser tomber mais on a racheté les parts du franchisé et les dettes qui allaient avec, puis on a mis un nouveau gérant qui a redressé la situation et l'établissement se porte très bien aujourd'hui. »
[Antoine Porcher, directeur général]

Croire que tout est possible, c'est notre devise. Mais on ne peut pas se contenter de le dire, on doit le prouver chaque jour.

Jean-Pierre Derouet
Co-fondateur

Pour la petite histoire, le nouveau gérant en question s'appelle Johann Tranchant et son parcours au sein du groupe V and B est pour le moins original ! Lui-même franchisé, il a ouvert un magasin à Limoges fin 2011 mais l'ouverture ne s'est pas passée comme prévu : une semaine après l'inauguration, le toit du bar s'est effondré à cause d'une inondation ! Il s'est donc retrouvé à vendre les produits sur le parking en plein mois de décembre pour ne pas les perdre.

> *« On a dû refaire tout le magasin car il nous restait environ 20m2 intacts. Mais tout le monde s'est mobilisé pour nous aider, c'était incroyable. Il y a un vrai esprit de famille chez V and B et ça nous a permis d'ouvrir de nouveau trois mois plus tard, la veille de la St-Patrick ! »*
> *[Johann Tranchant, gérant V and B Mulhouse]*

Suite à une difficulté familiale, Johann a vendu son magasin en 2016 à un autre franchisé, mais la direction du groupe l'a sollicité pour reprendre le magasin de Mulhouse un an plus tard. Il a dit oui immédiatement et il a déménagé dans la semaine, en vivant pendant deux mois et demi dans une caravane, le temps de trouver un logement.

> *« J'étais le 4e repreneur de ce magasin donc ce n'était pas gagné ! Il y a un équipement qui pétait chaque jour et tout était à refaire. Heureusement, les habitants ont été super chaleureux avec moi car je suis Breton. C'est la première chose qu'on m'a dit quand je suis arrivé : les Alsaciens et les Bretons sont comme des frères mais la France les sépare. Difficile d'imaginer un meilleur accueil ! »*
> *[Johann Tranchant, gérant V and B Mulhouse]*

Une dynamique entre franchiseur et franchisés

A l'instar du coaching réseau, une clé pour maintenir la sève et l'envie propres à V and B est de multiplier les interactions entre le siège et le réseau tout en valorisant les initiatives et les réussites de chaque franchisé. Pour cela, le groupe est très actif sur les réseaux sociaux, avec environ 60 000 followers sur Facebook pour la marque, et plusieurs milliers pour chaque magasin (oui, ça fait une sacrée force de frappe !). Chaque ouverture ou soirée festive y est relayée. Idem pour les concours, les promotions, les idées cadeaux, les distinctions…

Mais la véritable clé de voute de cette immense cohésion porte un autre nom : Forma Drinks. Vous l'avez peut-être deviné, il s'agit de l'école de formation de V and B. Dirigée par Sylvain Pottier avec l'aide de Thomas Piau (lui aussi ancien coach réseau), l'école ne désemplit pas. Y défilent les futurs franchisés, les actuels franchisés, les collaborateurs du siège et le staff des magasins.

Toutes les formations possibles sont imaginées et peaufinées afin de satisfaire les besoins de la franchise ou du réseau : comptabilité, marketing, œnologie, management, connaissance des produits, service en salle, communication, initiation à la mixologie…

> *« On a des formations hyper poussées et d'autres qui le sont beaucoup moins, car il peut y avoir deux objectifs à la formation. Le premier objectif, c'est bien sûr de partager des connaissances. Le second objectif, c'est de créer une forme de cohésion en permettant aux gens venus des quatre coins de la France de se rencontrer. Ça renforce encore plus l'esprit d'équipe et l'esprit de famille. »*
> *[Sylvain Pottier, directeur de Formadrinks]*

L'idée de cette école de formation, c'est donc bien de maintenir la sève tout en renforçant les compétences de ses équipes internes ou externes. D'ailleurs, ces séjours dans l'école (qui se trouve à Château-Gontier) sont souvent l'occasion de boire une bière avec les fondateurs pour leur poser toutes sortes de questions, ce qui est aussi pour eux un moment à saisir pour encourager les jeunes et leur transmettre l'envie qui les anime. Des échanges utiles pour compléter les sessions organisées par Forma Drinks : le savoir-faire se transmet et le savoir-être se cultive…

Plusieurs fois, dans le cadre de la préparation de ce livre, il m'est arrivé de discuter avec des groupes venus en formation. L'ambiance est radicalement différente entre le début et la fin de la semaine. C'est palpable aussi bien dans les relations interpersonnelles que dans l'énergie qui se dégage de chaque personne.

> *« L'idée des formations, c'est d'améliorer leur performance, on ne fait pas ça juste pour s'amuser. Mais l'objectif final, c'est de les piquouzer à l'esprit V and B ! »*
> *[Sylvain Pottier, directeur de Formadrinks]*

Les piquouzer ? Comme une drogue ?

> *« Exactement ! Je te jure, V and B, c'est hyper addictif ! T'en veux ? (rires) »*
> *[Sylvain Pottier, directeur de Formadrinks]*

À PRENDRE OU À LAISSER !

Comment maintenir l'état d'esprit dans un réseau élargi ?

Maintenir un état d'esprit dans une petite équipe qui nous entoure est une chose assez simple tant qu'on s'en tient à une règle fondamentale : la meilleure manière de diffuser une attitude et des valeurs, c'est de les incarner. Mais comment faire lorsque l'équipe s'agrandit et se répartit sur tout le territoire d'un pays ?

Animer un réseau doit passer par des grands événements annuels, qui sont autant d'occasion d'insuffler une énergie positive et d'encourager une forme de cohésion, mais c'est rarement suffisant pour maintenir à la fois l'enthousiasme et le respect des règles au sein des établissements éloignés du siège.

Pour cela, il y a globalement deux méthodes :

Le contrôle
La méthode du contrôle, qui consiste à organiser des visites régulières dans chaque boutique pour vérifier que le cahier des charges est respecté à la lettre et qu'il n'y a pas un cheveu qui dépasse, sous peine de sanction plus ou moins explicite et plus ou moins symbolique. Cette méthodologie est très à la mode dans le secteur bancaire mais vous aurez compris que ce livre n'est pas vraiment destiné à vous y encourager…

L'émulation
La méthode de l'émulation, qui consiste à partager les bonnes idées et les bonnes pratiques des uns et des autres, afin que chacun y trouve son compte, du franchiseur au client en passant bien sûr par le franchisé (et cela s'applique aussi aux antennes locales de grandes entreprises nationales ou internationales). Cette façon de faire est sans doute plus coûteuse à mettre en place, mais elle est aussi plus vertueuse si on souhaite conserver ses équipes dans une bonne humeur générale.

Attention, être plus sympathique ne veut pas dire qu'il faut être moins exigeant ; c'est lorsqu'on abaisse son niveau d'exigence qu'on abaisse son niveau de performance. Or on peut faire les choses sérieusement sans se prendre au sérieux, pour maintenir un niveau de qualité et d'efficacité en préservant des relations apaisées voire amicales.

Accompagner le développement des personnes au sein du siège comme au sein du réseau passe donc par un plan d'action pensé à la fois à court et long terme :

- Quelles sont les compétences dont la personne a besoin pour être meilleure aujourd'hui ?
- Quels sont les savoir-faire à développer pour progresser dans l'entreprise ?
- Quels seront les besoins pour évoluer dans quelques années ?

Sur cette base, il s'agit de mettre en place un projet de formations et une organisation qui permette de s'y tenir. Rien ne sert de dire qu'il existe telle ou telle formation disponible si les équipes n'ont pas le temps d'y assister sans se mettre en difficulté dans leurs tâches quotidiennes.

Idem pour les franchisés : la question est de savoir comment on fait grandir les gens une fois qu'ils sont dans le réseau. Ouvrir deux magasins n'est pas la même chose qu'en ouvrir un puisqu'on passe de « petit entrepreneur » à « manageur de manageurs ». Cela implique par exemple de maîtriser tous les métiers du magasin (cave, bar, extérieur, animation…) afin de pouvoir transmettre au staff et superviser l'ensemble, tout en développant de nouvelles compétences managériales. Créer un parcours de formation dédié à une telle évolution est donc un atout pour le réseau en général (qui se développe mieux et maintient sa qualité) et pour les franchisés en particulier (qui endossent plus facilement leur nouveau rôle).

Cette question en soulève une autre : quel formateur idéal pour organiser ces formations ? Le recours à des organismes extérieurs est coûteux et pas toujours adéquat, les modules proposés ignorant souvent les besoins de l'enseigne et les réalités du terrain. Néanmoins, les ressources existent souvent en interne : des personnes qui ont développé un magasin avant d'exercer un autre métier au siège, des coachs qui ont suivi plusieurs magasins à des étapes différentes, etc.

D'une façon plus systémique, les deux questions à se poser pour identifier les perles rares sont :

- Qui serait le meilleur pour remplir cette mission ?
- Comment fait-on pour fabriquer ce profil en interne ?

Les réponses apportées permettent alors de créer également des parcours internes où les postes deviennent autant d'occasions d'apprendre pour être en situation de mieux transmettre, en étant éventuellement complétés par des formations spécifiques à certaines fonctions ou certains métiers. C'est peut-être contraignant ou coûteux à mettre en place au début, mais c'est un levier de progression et de formation particulièrement puissant à long terme.

Enfin, si vous souhaitez utiliser un dispositif de coaching en interne, n'oubliez pas que le coaching est aussi un métier qui s'apprend, donc pourquoi ne pas former vos coachs aux méthodes de coaching ? Cela permettrait d'offrir un accompagnement personnalisé et structuré pour améliorer les compétences et les performances des collaborateurs dans leur mission et des équipes dans leurs interactions.

Sans révolutionner votre entreprise, ces outils permettraient d'améliorer la transmission des connaissances, d'optimiser les processus et d'affiner les méthodes d'organisation et d'évaluation. C'est un investissement, mais il est rentable pour les salariés comme pour l'entreprise. Ou alors tout va parfaitement bien dans votre organisation, et vous n'en avez évidemment pas besoin…

- 8 -

Vivre avec son temps

Quand on existe depuis une vingtaine d'années avec un concept parfaitement identifié par les clients, il y a un dilemme crucial pour l'avenir : maintenir coûte que coûte son concept d'origine (au motif qu'il a fait ses preuves) ou le faire évoluer pour correspondre aux attentes de l'époque (au risque de faire fausse route). Comme souvent, la bonne réponse est une ligne d'équilibre, en autorisant des évolutions sans faire la révolution.

Entre 2015 et 2020 (pendant le fameux projet d'entreprise « H200 »), V and B s'est donc organisé pour innover de plusieurs façons, sans dénaturer son identité. Et les pistes d'innovation sont nombreuses : les produits, le marketing, le numérique, l'agencement…

Si cela vous semble anecdotique ou un peu conceptuel, prenons l'exemple de McDonald's, la franchise la plus célèbre du monde en guise de cas d'étude. Qu'on aime ou qu'on n'aime pas l'univers du fast-food, avec 38 000 magasins sur la planète (dont environ 1500 en France), le fait est que l'enseigne a su se développer et évoluer sans se dénaturer.

Loin de V and B, l'exemple de McDonald's

Avec le baby-boom américain des années 50, la marque au clown coloré s'est concentrée sur les enfants (dans le but évident d'attirer les parents... puisque ce sont eux qui sortent l'argent). D'où l'importance des couleurs vives, d'un personnage sympathique comme mascotte et des aires de jeux sûres et propres dans chaque magasin. Mais avec les diverses questions de santé qui ont fait leur apparition dans le débat public autour des années 2000, la chaîne de burgers a choisi de s'adresser aussi aux parents. Désormais, la publicité insiste sur un choix plus important et des combinaisons permettant des menus plus équilibrés et plus sains.

La nouvelle préoccupation sociale (et mondiale) étant l'écologie, McDonald's a revu sa communication une quinzaine d'années plus tard, avec un côté plus sérieux matérialisé par un changement de couleurs et d'image : le jaune et le rouge sont remplacés par des tons plus neutres, le logo devient vert, le design des restaurants est plus épuré et on ne voit plus beaucoup Ronald McDonald.

Outre le marketing, McDonald's met en place différentes actions pour montrer son engagement dans la transition écologique : remplacement du plastique par du papier recyclé pour les emballages, urinoirs sans eau, ajouts de produits bios au menu, adoption d'une logique de circuits courts avec 75% des produits qui sont d'origine française…

Pour élargir sa clientèle, l'enseigne américaine développe aussi de nouveaux services et de nouveaux concepts : le service à table pour ne plus attendre d'être servi en monopolisant la caisse (ce qui permet aussi de prendre plus de commandes en moins de temps), création des espaces McCafé plus conviviaux, accès gratuit au Wifi pour encourager les professionnels en déplacement à faire une halte au restaurant en restant connectés…

Innover, pourquoi faire ?

Comme l'illustre l'exemple de McDonald's, l'innovation vise à faire évoluer le concept pour coller aux évolutions sociales et comportementales des consommateurs. L'innovation n'est donc pas une lubie de dirigeant, elle s'impose d'elle-même avec le temps : les habitudes changent et la technologie évolue tout comme la société. Il faut donc prendre le train en marche, et l'idéal est de monter dans la locomotive plutôt que dans le dernier wagon.

Pour en revenir à V and B, le besoin d'innover s'est effectivement imposé de lui-même. Après une quinzaine d'années sans concurrence majeure, l'année 2015 a vu l'émergence d'autres enseignes de plus en plus nombreuses et de challengers agiles qui n'ont pas hésité à remettre en cause l'acteur historique en s'installant sur ses plates-bandes.

C'est alors le moment de s'interroger :

- Comment garder une longueur d'avance ?
- Comment rester le leader de son secteur ?
- Comment rester agile malgré la croissance ?
- Comment surprendre de nouveaux les clients ?
- Comment créer une différence forte avec les concurrents ?

Toutes ces questions surgissent naturellement avec l'arrivée de nouveaux acteurs plein d'ambition... et il y a eu aussi un gros imprévu que tout le monde a senti passer.

Le 14 mars 2020, le Premier ministre Edouard Philippe annonce la fermeture des cafés et restaurants en raison de l'épidémie de Covid-19. Deux mots d'ordre : confinement et distanciation sociale. Tous les magasins V and B doivent fermer leurs portes. Dans l'absolu, il serait possible de rester ouvert en conservant l'activité de cave et en fermant le bar, mais l'enseigne est engagée dans une démarche de responsabilité vis-à-vis de ses équipes et de ses clients. Fermeture générale.

Cette période très particulière a été un véritable électrochoc pour V and B (et pour beaucoup d'autres entreprises). Modèle économique, pratiques commerciales, attentes des consommateurs, nouvelles contraintes sanitaires, un pilotage « à la semaine »... Le fonctionnement « d'avant » a brutalement été remis cause. Quand la réalité s'impose à chacun et qu'on n'a plus prise sur grand-chose, il est évident qu'il faut s'adapter.

Au siège, c'est en mode commando : équipes réduites et prises de décisions ultra rapides. Les équipes improvisent pour s'adapter à ce chaos imprévu, le réseau est solidaire et tout le monde suspendu aux annonces du gouvernement. Les magasins qui viennent d'ouvrir tirent la langue, car le plan de financement est intégralement remis en cause. Heureusement, le groupe a su constituer des fonds propres et peut soutenir ses franchisés. La claque est forte mais l'envie d'entreprendre reste intact.

Impossible d'attendre que les choses se règlent d'elles-mêmes et de remettre le destin des équipes entre les mains de la chance : la direction décide une réouverture partielle en mode « drive » ou en livraison à domicile. Grâce à leur puissance sur les réseaux sociaux, les magasins improvisent de nouveaux canaux de distribution. En moins de deux semaines, les 220 magasins reprennent une activité dans un format inconnu jusqu'alors.

Innover, c'est aussi ça.

Transition(s) digitale(s)

Quand on parle d'innovation, difficile d'éviter la question du numérique, surtout maintenant que la France est devenue la start-up nation ! V and B a donc dû s'adapter et mettre en place de nouveaux outils pour inventer un «V and B 2.0». Mais ça a pris un peu plus longtemps que prévu.

> *« Fidèle à notre fonctionnement, on a voulu impliquer tout le monde et on a mis en place 14 groupes projets autour de 14 thématiques : encaissements, dégustations, signalétique, aménagement Mais nous n'avons pas mis en place de réelle méthodologie pour avancer, et face aux impératifs opérationnels, peu de groupes projets ont tenu les échéances. »*
> *[Richard Zuber, directeur expérience client]*

Il a donc fallu reprendre les choses depuis le début et mettre en place une « équipe 2.0 » avec un objectif clair et un circuit de décision validé pour que le projet avance.

> *« Il a fallu repositionner la méthode au coeur de la démarche, la créativité se nourrit de contraintes, pas de liberté. »*
> *[Richard Zuber, directeur expérience client]*

C'est effectivement ce qui s'appelle la contrainte créative, qu'on retrouve par exemple chez les créateurs de bande-dessinée : avoir un cadre, un calendrier et des objectifs permet d'avancer, alors qu'il est particulièrement difficile d'être efficace si on n'a ni cap ni échéancier. Et pour que tout avance, il faut aussi savoir pourquoi on fait les choses.

> La créativité
> se nourrit de
> contraintes,
> pas de liberté.

Richard Zuber
Directeur expérience client

> *« Notre objectif, c'est d'offrir l'esprit convivial de V and B sur tout le territoire. Et même avec un maillage de plus en plus fort, le moyen le plus simple est d'utiliser la puissance du digital ! On a donc décidé de faire un site de e-commerce pour offrir l'accès à l'ensemble de notre gamme à tous les amateurs de bons produits, partout en France. Le projet e-commerce est donc un levier supplémentaire pour remplir notre mission de "partageur de bons moments" aux quatre coins de la France. Sur place, à emporter et maintenant directement à domicile ! »*
> *[Amélie Rabel, digital manager et cheffe de projet e-commerce]*

Un site de e-commerce pour un concept de cave-bar est effectivement une bonne façon d'entrer dans la modernité. Car on oppose souvent les deux modèles classiques de magasin, avec le « brick-and-mortar » d'un côté (les magasins physiques) et les plateformes numériques de l'autre. En proposant un service qui conjugue la force d'un réseau de plus de 220 établissements avec une plateforme capable de vous livrer sur tout le territoire, V and B participe à l'avènement de ce modèle hybride du « click-and-mortar » où le magasin virtuel et le magasin traditionnel se complètent au lieu de se concurrencer. Une bonne idée avant 2020, une nécessité dans un monde où le confinement peut être décidé en 48h.

> *« Notre concept de cave et bar a été longtemps précurseur en France, mais nous sommes désormais copiés par de nombreux concurrents. Le numérique visait d'abord à proposer un site de e-commerce, pour offrir un service supplémentaire à nos clients et conserver une longueur d'avance. Mais grâce aux données et à l'automatisation de la logistique, c'est aussi une opportunité pour nous d'optimiser nos stocks et de favoriser la rotation ! »*
> *[Amélie Rabel, digital manager et cheffe de projet e-commerce]*

Pour avoir une idée de l'enjeu, il faut savoir que V and B, c'est plus de 2 millions de clients. Savoir qui sont ces clients et où sont ces clients est donc un atout incroyable pour les fidéliser et leur proposer de nouveaux produits. Pas seulement pour des questions de marketing, mais aussi pour gérer tout le réseau avec plus d'efficacité, que ce soit pour la logistique, le transport, la rotation des stocks… L'exploitation des données numériques permettent d'affiner tous ces paramètres et d'améliorer la relation client, pour la satisfaction de chacun.

« La data va nous permettre de prendre une avance considérable sur la concurrence. On va pouvoir proposer une expérience de découverte personnalisée pour faire découvrir et vendre les produits. Car même s'ils sont bons et bien choisis, nos produits sont assez mal maîtrisés par les consommateurs, ne serait-ce qu'en raison de leur variété. L'objectif est donc de faciliter le choix tout en augmentant le plaisir de la dégustation grâce à un outil pertinent de recommandation. »
[Richard Zuber, directeur expérience client]

Afin de prendre en charge ce challenge, une nouvelle équipe s'est organisée autour de Richard Zuber, qui a porté le projet IDO, pour « informatique, data, organisation ».

« Quand on passe le seuil des 200 magasins, on n'est plus des petits artisans. On a besoins de nouveaux outils performants, d'exploiter la data, d'améliorer les process et d'innover. Pour y parvenir, il faut décloisonner. Décloisonner les informations, les services, les états d'esprit et fluidifier les processus pour éliminer tout ce qui n'a ni valeur ajoutée ni sens. En libérant du temps utile, les équipes peuvent se focaliser sur leurs compétences clés et créer encore plus de valeur pour le client. La boucle est longue à initier, mais une fois que c'est parti, l'accélération est continue. Au sein d'IDO, c'est vraiment notre leitmotiv. »
[Richard Zuber, directeur expérience client]

Néanmoins, un tel chantier a un coût, car il ne suffit pas de créer un site web pour que la machine fonctionne. Il faut aussi rééquiper chaque magasin avec un nouveau logiciel de caisse, connecter l'ensemble à la centrale d'achats et l'entreprise de transport, former l'ensemble des personnels à l'utilisation de ces nouveaux outils... Si un tel projet est bénéfique à tout le monde à moyen terme, il faut débourser plusieurs centaines de milliers d'euros pour le mettre en place. La solution proposée par V and B, c'est d'augmenter la redevance des franchisés, en passant de 2% à 3%.

« On a fait cette proposition devant le Comité Stratégique Consultatif, qui représente les franchisés pour les orientations stratégiques au sein du réseau. Tout le monde a dit oui, y compris les franchisés qui avaient signé quelques mois plus tôt et qui auraient pu nous dire que leur

contrat ne prévoyait pas ça ou que c'était un peu tôt pour augmenter la redevance. Tout le monde a vu l'intérêt et voulait s'impliquer, c'était assez incroyable de voir un tel engouement ! »
[Antoine Porcher, directeur général]

V and B, version 2.0

Pour repenser l'organisation au-delà de la création d'un outil numérique intégré entre franchiseur et franchisés, l'équipe en charge du projet IDO ne s'est pas contentée d'utiliser les matrices prêtes à l'emploi et forgées par les grands cabinets de conseil, si chères aux consultants en stratégie des organisations. C'est l'approche inverse qui a été retenue : repenser la chaîne logique en se basant sur le parcours client plutôt que sur le concept d'origine. C'est tout simplement ce qu'on appelle du design, et qui n'est pas réservé au mobilier ou aux automobiles.

« Le design, ça semble un peu ésotérique quand on découvre, mais c'est ce qu'il y a de plus malin à faire. Notre cible, c'est le client, donc en partant de son parcours en magasin ou sur Internet on peut repenser notre agencement ou notre site e-commerce. Au lieu d'avoir la tête dans le guidon, le design oblige la prise de recul, de hauteur. La question n'est plus ce qu'on voudrait améliorer de notre côté, mais ce que le client aimerait changer. Ça change radicalement la perspective. »
[Richard Zuber, directeur expérience client]

Sur la base de ces travaux qui visent à repenser l'agencement, la décoration, le service ou la signalétique, le premier « V and B 2.0 » a ouvert ses portes à Basse-Goulaine le 4 juin 2020 et devrait faire des émules, autant dans le réseau que dans le fonctionnement du siège. Car le design est un support idéal pour diffuser la culture de l'innovation dans une grande structure qui risque de se rigidifier. Pour être innovant, il faut être organisé de façon innovante, et c'est le grand défi de ces prochaines années pour V and B.

« Le risque, c'est d'avoir une image innovante quand on n'innove plus, parce qu'on imagine que c'est un acquis. On peut être une organisation entreprenante sans être une organisation innovante, mais on peut être les deux ! Il faut qu'on se donne les moyens d'être innovant et

c'est aussi comme ça que je vois la suite du projet IDO : porter une réflexion sur la culture de l'innovation.»
[Richard Zuber, directeur expérience client]

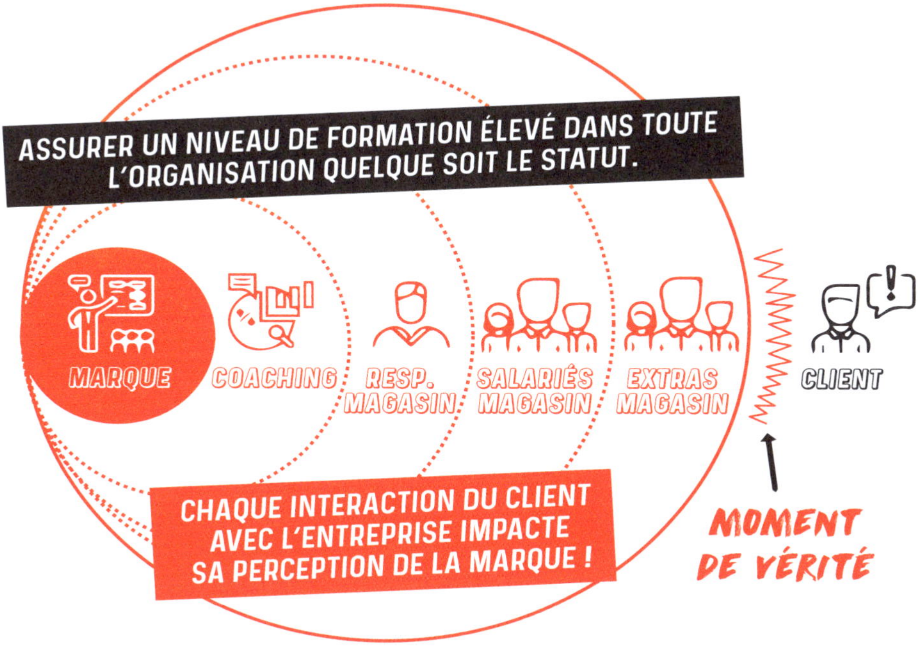

Le marketing et les produits, un levier d'innovation infini

Enfin, le cœur de métier de V and B étant la convivialité et la qualité des produits, une équipe de 9 collaborateurs s'occupe d'imaginer de nouveaux produits à proposer au sein du réseau. Une équipe qui n'a pas le temps de s'ennuyer et qui dispose d'un terrain de jeux qui ne connait qu'une seule limite : l'imagination. Son objectif est de développer des produits exclusifs pour le réseau, ce qui permet d'offrir des produits différents aux clients. Ainsi, d'une part V and B découvre des produits que la franchise est la seule à importer et qu'elle propose en exclusivité, d'autre part l'enseigne créé ses propres produits pour égayer les soirées et les dégustations avec des breuvages inédits.

Reste à savoir comment et pourquoi on crée un nouveau produit. Mais la méthode commence à être rodée : identification du besoin, recherche de fournisseurs, élaboration du produit et création d'une marque dédiée,

Au lieu d’avoir
la tête dans le
guidon, le design
oblige la prise
de recul et de
hauteur.

Richard Zuber
Directeur expérience client

en prenant en compte le public visé, le goût attendu, le prix raisonnable... Les critères sont nombreux mais il n'y a pas de limite, quitte à casser les codes. Par exemple, imaginer des produits viticoles qui ne sont pas des vins de garde semble particulièrement farfelu dans le Bordelais, ce qui n'a pas empêché de tenter le coup avec succès.

> *« Le vin est un domaine très policé et un peu figé dans ses habitudes, mais ça n'empêche personne d'innover. Par exemple, comme on a des vignes à Bordeaux, on va proposer un vin plus fruité, avec une étiquette et capsule bleue embouteillé dans une bouteille bourguignonne ! On proposera aussi un nouveau nom, à la fois plus marrant et ancré dans l'histoire, pour faire le lien entre le terroir et la modernité. »*
> *[Elodie Bouron, responsable marketing produit]*

Indépendamment du produit, le marketing et l'histoire qu'on raconte autour sont des éléments cruciaux pour innover dans un métier. Le packaging joue un rôle fort et constitue en tant que tel un élément différenciant, dont voici quelques exemples :

- Un coffret en cadre décoratif avec 3 bouteilles en suspens
- Un kit de dégustation avec 40 spiritueux en tubes à essai
- Un calendrier de l'avent de la bière et des spiritueux (largement copié depuis...)
- Un coffret de spiritueux vendus en tubes d'échantillons et associés avec du chocolat

Concernant la composition des produits, là aussi, les idées foisonnent et aucune limite n'est fixée. L'esprit V and B, c'est d'oser ! Et rien n'est interdit puisque la logique de la marque est de s'imposer comme lanceur de tendances. Dès lors, inutile de faire un gros volume à chaque fois, l'objectif est d'innover et proposer de nouvelles choses. Après tout, découvrir de nouvelles sensations, ça fait partie de l'esprit de la fête et ce n'est pas réservé aux grandes occasions !

Une stratégie payante puisque cette volonté d'oser se remarque dans le paysage, ce qui pousse certains fournisseurs à faire des lancements de produits directement chez V and B. Par exemple, un partenariat avec le chocolatier Réauté (dont le siège est aussi à Château-Gontier) a permis la création de petits chocolats à la crème de rhum, une gourmandise exclusive qu'on ne trouve que dans les magasins de la franchise.

Une approche créative et exclusive qui fonctionne parfaitement dans le réseau, car les magasins comme les clients sont toujours friands de nouveautés. Côté magasin, la sortie d'un nouveau produit est l'occasion de communiquer ; côté clients, c'est une bonne raison de passer faire un tour au bar pour découvrir quelque chose d'inédit. Si vous aimez les chiffres, sachez que chaque année, ce ne sont pas moins de 3,5 millions de bouteilles qui sont vendues pour les produits créés ou distribués en exclusivité. Ça fait du volume !

Pourtant, communiquer sur un produit n'est pas toujours aussi évident, car la loi Evin encadre rigoureusement ce qu'on peut faire et ce qu'on ne peut pas faire en matière de publicité en faveur des boissons alcoolisées. Une habitude à prendre, mais qui aboutit parfois des résultats surprenants.

> *« Dans les magasins, on fait un peu ce qu'on veut car ce n'est pas un lieu public. Pour la publicité, c'est plus compliqué mais on a le droit de communiquer sur nos outils de productions comme les domaines viticoles, la brasserie, la distillerie. Mais c'est vrai que c'est parfois embêtant : on peut nous refuser une campagne de Noel parce que le Père Noël a un air trop sympathique sur le visuel ! »*
> *[Elodie Bouron, responsable marketing produit]*

Mais innover pour innover ne suffit pas. Avoir une idée rigolote est loin d'être suffisant pour être distribué dans les magasins V and B. La première étape de sélection est toujours une dégustation à l'aveugle pour tester les qualités intrinsèques du produit et ses propriétés organoleptiques. Et c'est seulement ensuite que se pose la question du prix, de la gamme, du besoin… Donc si votre produit n'est pas bon, ce n'est même pas la peine d'espérer !

> *« Quand je parle de mon métier et des centaines de produits que je déguste, je vois souvent de l'envie dans les yeux de mes interlocuteurs. Et c'est vrai qu'on goûte parfois des choses exceptionnelles... mais on goûte aussi beaucoup de choses pas bonnes ! (rires) »*
> *[Elodie Bouron, responsable marketing produit]*

A PRENDRE OU À LAISSER !

Le design et l'apport du numérique

Connaissez-vous l'expérience du carré rouge ? Lorsque vous tendez une feuille blanche et un crayon à quelqu'un en lui demandant de vous faire un dessin, sans autre consigne précise, la tâche lui semble laborieuse et le résultat n'est pas très créatif. En gros, à moins d'avoir un artiste qui vous dessine une belle maison ou une joyeuse licorne, vous allez récupérer un soleil, une tête à Toto ou un triangle. En revanche, si vous faites la même demande mais qu'il y a déjà un carré rouge dessiné sur votre feuille, les gens partiront de cette forme pour élaborer d'autres dessins, ledit carré pouvant devenir un pavé, une porte, un panneau, une cheminée, un bijou, un pétale de fleur, un phare, un carnet…

La conclusion, c'est qu'il est beaucoup plus facile d'être créatif quand on a un cadre. D'ailleurs, comme l'a montré l'exemple de V and B qui a voulu porter une dynamique d'innovation en libérant les énergies et en associant tout le monde, il ne suffit pas de décréter qu'on va faire de l'innovation pour devenir soudain innovant, surtout quand on part d'une feuille blanche.

On croit souvent qu'être créatif, c'est être un artiste libre de toute contrainte, mais si vous avez un peu fréquenté les industries culturelles et créatives, c'est exactement le contraire ! Vous voulez des exemples ?

- Une BD fait 46 planches
- Un épisode de série dure 52 minutes
- Un roman classique compte 80 000 mots
- Une mélodie s'appuie sur 7 notes de musique
- Un épisode de sitcom dure 30 minutes
- Un sonnet est composé de 2 quatrains et 2 tercets

Ce qu'il faut retenir, c'est que l'innovation, ça ne s'improvise pas. La créativité se nourrit de contraintes, pas de liberté ; cela s'appelle la « contrainte créative » ou « contrainte libératoire ». Et pour cela, il y a 1000 façons de faire, vous avez le choix des armes. Simplement, trouvez une méthode qui vous plait et appliquez-la, en vous faisant aider par un expert si besoin.

La seule chose à garder en tête, c'est que pour qu'une méthode fonctionne, il faut définir à la fois les contraintes et les objectifs, mais ne pas changer d'objectif en raison des contraintes : dire « c'est pas possible » est assurément la plus mauvaise façon de commencer ! De même, pas besoin de chercher à impressionner son monde. Le but n'est pas de créer un groupe projet qui soit surprenant, il faut en créer un qui soit efficace.

Et contrairement aux idées reçues, il n'y a surtout pas besoin d'être parfait. Mieux vaut fait que parfait : décidez lundi, proposez vendredi. Le livrable n' est pas à la hauteur ? Il vous reste une semaine pour l'améliorer ! Dans le secteur du livre, on dit deux choses :

- On n'édite pas une page blanche, donc il vous faut bien un premier texte pour l'améliorer, sinon vous n'aurez jamais rien à publier.
- Un livre parfait, c'est un livre pas fait, donc inutile de chercher la perfection, car elle n'est pas de ce monde… ce qui ne veut pas dire que vous devez bâcler les détails !

Enfin, s'il y a une règle d'or en matière d'innovation, c'est le design. Ce mot ne fait pas référence à la couleur d'une chaise ni aux courbes une voiture, mais à quelque chose de beaucoup plus simple : l'expérience client. Vous ne devez pas innover pour le plaisir d'innover, parce que vous trouvez ça intéressant ou parce que ça vous donne l'air intelligent, vous devez innover pour améliorer et fluidifier l'expérience client.

Bien sûr, c'est exigeant et on a parfois la tête dans le guidon, mais dans une structure suffisamment grande, c'est une fonction stratégique qui peut être prise en charge par un directeur général adjoint ou un directeur disposant d'une délégation transversale. Dans une organisation plus petite, le responsable du marketing peut prendre le temps d'effectuer un pas de côté pour s'interroger sur la place du client dans votre dispositif.

Un exemple simple ? Vous venez d'inventer un super carburant écologique à base de gazon, compatible avec un moteur diesel. En récupérant les restes

A PRENDRE OU À LAISSER !

Identifier ses points de contacts

POINTS DE CONTACTS

The Brand Flip - Marty Neumeier

SUPERFICIEL

Nom
Marque
Slogan
Pitch
Design produit
Catalogues
Contenus web
Plaquettes
Politique de prix
Articles presse
Placement produit
Publicité
Signalétique
Habillage véhicule
...

Blog
newsletters
Bouche-à-oreille
Réseaux sociaux
Votes clients
Navigation web
Design magasin
Architecture
Point de vente
Appli mobile
Emails marketing
Suivi client
Cartes de remerciements
Programme relationnnel
Offres personnalisées
«Unboxing» experience
Conseillers
Etats mensuels
Formulaires / enquêtes
Discours de vente
Démo produits
Stand salons
...

GÉNÉRAL

PERSONNEL

Historique
Leadership
Publications (livres, articles..)
Partenariats
Comportement des employés
Welcome pack
Discours de congrès
Retours de la communauté
Sponsoring
...

Echantillons gratuits
Utilisation du produit
Guide utilisateur
Commentaires clients
Discussions intra-tribu
Séminaires
Ateliers
Ateliers in-situ
Événements clients
Portes-ouvertes
Centre d'appel
...

INTIME

des stades, des espaces verts et des habitants qui tondent leur pelouse, vous pouvez produire suffisamment de carburant pour alimenter toute la région et proposer ainsi une réponse intégrée à la question des transports, du recyclage, de la gestion des déchets arboricoles... Bref, votre pitch est prêt et vous êtes chaud comme une baraque à frites !

La première question en mode design : « est-ce que ça pue ? »

Eh oui, malgré toute votre bonne volonté, un carburant nauséabond n'a aucune chance de franchir l' étape cruciale de la commercialisation de tout produit : l'adoption par les clients. Lorsque vous avez de nouveaux projets en tête, rappelez-vous cet exemple et posez-vous ce genre de question. Si votre idée pue un peu, revoyez votre copie.

\- 9 -

Etendre le domaine de la lutte

L'objectif de V and B étant de promouvoir la convivialité sous toutes ses formes, il était logique que le groupe diversifie ses activités pour décliner son projet sur d'autres supports.

> *« En 2020, il y a une douzaine de branches d'activités dans le groupe : le réseau, la formation, la centrale d'achats, la restauration, la prospection commerciale, la production, l'export, l'immobilier, l'informatique pour logiciel de caisse, les textiles personnalisés, la communication, le festival. On n'a pas le temps de s'ennuyer ! »*
> *[Céline Lebreton, responsable expérience collaborateurs]*

Une diversité assez inédite dans une société qui fonctionne encore comme une entreprise familiale. Difficile d'imaginer comment les deux fondateurs ont pu s'impliquer dans autant de projets...

> *« On ne sait pas tout faire nous-mêmes et le but n'est pas de tout diriger, c'est l'inverse ! On identifie un besoin et on cherche la personne qui a cette compétence mais qui n'ose pas forcément lancer sa propre boîte. Si on est aligné sur les valeurs et la vision, on s'associe et la personne se lance, avec un gros coup de pouce au début puisque V and B est son premier client, ce qui lui sert de référence pour chercher d'autres clients. L'objectif, c'est pas plus de 40% de chiffre d'affaires avec V and B et le reste avec d'autres clients. On crée de vraies entreprises, pas des filiales internes. »*
> *[Jean-Pierre Derouet, cofondateur]*

Un fonctionnement intéressant pour le groupe comme pour les nouveaux partenaires, qui permet d'élargir ses ressources et son champ d'action tout en dynamisant l'emploi local sans faire grossir le siège social de façon démesurée. Et ça fonctionne, comme en atteste les chiffres !

- 90 associés
- 110 sociétés
- 5 banques
- 7 à 8 millions d'euros de stock
- Plus de 220 magasins
- Plus de 2 millions de clients
- Entre 3 et 10 millions de flux par mois
- 10 à 15 millions de besoin de financement par an
- 100 millions d'euros de chiffre d'affaires annuel

La diversité, entre finances et management

Pour accompagner toutes ces activités, une personne joue un rôle central dans le groupe. A la fois responsable financière et « Madame Plan B » quand les choses ne se passent pas comme prévu, Charlotte Porcher a la délicate mission de régler les problèmes qui apparaissent sur les nouveaux projets, le financement ou l'organisation.

> *« La double casquette de responsable financière et de coordinatrice des projets est assez logique dans notre fonctionnement. Prendre en main les rênes des projets à l'amorçage permet de mieux en comprendre les besoins et les enjeux, donc d'être force de proposition pour le financement et le suivi juridique. Si j'arrive en cours de route sans connaître le dossier, on perd beaucoup de temps avec les banquiers, les avocats, les notaires, les différentes parties prenantes. Autant faire gagner du temps à tout le monde ! »*
> *[Charlotte Porcher, responsable financière]*

Bien sûr, ça ne veut pas dire qu'elle dirige chaque projet et supervise chaque équipe projet. Cela n'aurait pas grand sens et il serait de toute façon compliqué de faire tenir tout ça dans des journées de 24h.

> *« Je ne suis pas du tout cheffe de projet. Mon rôle est de structurer, organiser et faire avancer le dossier de façon fluide, surtout en respectant les délais. Une fois que c'est organisé, je peux trouver le financement adéquat en connaissant parfaitement le projet. Et dès que c'est financé et bien calé, je transmets au chargé du projet, qui saura le faire aboutir mieux que moi. »*
> *[Charlotte Porcher, responsable financière]*

Compte tenu du besoin de financement annuel et de la multiplicité des projets, inutile de penser aux placements de court terme auprès des banques pour faire fructifier la trésorerie ; tout est gardé pour avoir un effet de levier et négocier au mieux des emprunts bancaires ou des facilités de caisse.

> *« Il faut être réactif en permanence pour imaginer des solutions, comme trouver 900 000 € en 10 jours alors que tu pars en vacances ou financer un rachat de vignoble en un mois. On arrive à tenir les délais car on entretient de supers relations avec les partenaires : ce sont les mêmes personnes qui nous suivent depuis le début donc on a un lien de confiance énorme et ils savent qu'on ne fait pas n'importe quoi. »*
> *[Charlotte Porcher, responsable financière]*

Les projets de V and B sont de plus en plus importants et la trésorerie de V and B étant ce qu'elle est, il n'est plus nécessaire de chercher des financements lorsqu'on est en-dessous du million d'euros. En revanche, lorsqu'il faut financer un projet, Charlotte négocie aussi bien avec les banques que les pouvoirs publics : les subventions existent pour l'innovation, l'export, la production locale… Avec ce que le système compte parfois de petites hypocrisies.

> *« Il y a des dizaines d'aides pour produire mais des lourdeurs administratives incroyables pour monter les dossiers. C'est lourd et ça prend du temps mais c'est indispensable pour aider à financer les projets. Des fois, c'est compliqué de trouver le temps et de respecter les délais mais on a une grosse force de frappe. J'imagine que c'est beaucoup moins simple pour les petites structures. C'est tout le paradoxe du système : plus tu as besoin d'aide et plus c'est difficile d'en obtenir. »*
> *[Charlotte Porcher, responsable financière]*

Ne vous y trompez, ce n'est pas parce que le chiffre d'affaires annuel de V and B est imposant que l'argent coule à flots. Le groupe va bien et connait de belles rentrées d'argent, mais il y a aussi beaucoup de dépenses liées aux nouveaux outils, à la croissance, au développement des activités…

> *« Certains pensent que le groupe fonctionne donc on est blindé, mais s'embourgeoiser est exactement le piège à éviter. Il faut aller chercher les subventions, financer les projets, entretenir les contacts. Même pour 5000 €, on monte les dossiers et on va les défendre en commission ! On négocie bien le prix des achats, donc pourquoi ne pas négocier les aides ? Les gens perdent la valeur de l'argent mais c'est un levier indispensable pour le développement : c'est parce qu'on a des aides qu'on peut se développer. Sans ça, on irait beaucoup moins vite. »*
> *[Charlotte Porcher, responsable financière]*

Même si tout va bien, le message et la ligne sont clairs : attention à l'embourgeoisement, l'argent ne tombe pas du ciel ! Et au fait, si vous vous posez la question, Charlotte Porcher n'est pas la femme d'Antoine Porcher… c'est sa sœur. Un avantage pour travailler au quotidien ?

> *« J'aimerais dire que je suis plus sympa avec elle mais j'ai toujours fait la part des choses : au boulot, ce n'est pas ma sœur, c'est une collaboratrice du groupe. Ce qui n'enlève rien à ses qualités ! Mais en vérité, je crois que je suis peut-être plus dur avec elle, et non plus souple, parce que je veux qu'elle soit exemplaire, tout comme j'essaye de l'être. Ça évite les procès d'intention des uns et des autres, et ça valorise encore plus nos réussites individuelles et collectives. »*
> *[Antoine Porcher, directeur général]*

De la vigne à l'assiette

Vous l'avez vu dans les chapitres précédents, outre l'activité du réseau de franchise, V and B a également créé une centrale d'achats, une société de transports, une école de formation… mais saviez-vous que l'entreprise produit également ses propres vins à Bordeaux et dispose de deux restaurants ?

En effet, Jean-Pierre Derouet a acquis ses premières vignes après ses années d'apprentissage auprès de son mentor Jean-Claude Bernard. Intégré à V and B, le domaine viticole s'est agrandi jusqu'à 112 hectares, au point de produire plus de 650 000 bouteilles par an ! Cerise sur le gâteau : la récente acquisition d'un vignoble sur la « colline aux milles châteaux », le célèbre Saint-Emilion.

> *« Il y a un côté mythique, c'est un rêve de gosse pour n'importe quel vigneron du Bordelais. En plus, c'est arrivé un peu par hasard, en laissant faire le temps et grâce à une rencontre avec le patriarche d'une famille qui voulait vendre son vignoble. »*
> *[Jean-Pierre Derouet]*

Le réseau V and B écoule 120 000 bouteilles de Bordeaux chaque année mais pas uniquement ceux produits dans ses vignes. D'ailleurs, Jean-Pierre Derouet est à l'origine de la création du label «Artistes Vignerons», pour libérer l'inspiration et valoriser le travail de bons produits, qui se veulent qualitatifs avant d'être quantitatifs. Au sein de ce label, on trouve de nombreux petits vignerons des terroirs mais aussi des personnalités plus inattendues, comme le chanteur Sting et son épouse Trudie, qui exploitent de très belles vignes en Toscane, mais aussi les frères Philippe et Francis Cabrel, qui élaborent leur vin sur des parcelles de jeux de leur enfance à Astaffort, dans le Lot-et-Garonne.

Côté bière, c'est Emmanuel Bouvet qui est à la manœuvre, avec la création d'une brasserie baptisée Mont-Hardi, du nom de Château-Gontier pendant la révolution.

> *« On a découvert que, pendant la Révolution, Château-Gontier avait été renommée Mont-Hardi car le château n'a jamais été assiégé. »*
> *[Emmanuel Bouvet, cofondateur]*

Petit clin d'œil à l'histoire… et petit clin d'œil de l'histoire : ce n'est pas la première fois que Jean-Pierre est Manu se lancent dans une brasserie. Ils avaient déjà tenté une aventure plus ou moins similaire mais l'expérience n'avait pas été concluante, c'est le moins qu'on puisse dire.

> *« On avait pris des parts dans une brasserie en Bretagne mais ça n'a pas marché, pour une raison simple : la bière était infecte, on n'arrivait même pas à la boire ! (rires) »*
> *[Emmanuel Bouvet, cofondateur]*

Avec une production instable et gustativement pas au niveau pour être vendue dans le réseau, l'aventure a tourné court. Un investissement de 80 000 € perdu dans cette première brasserie, qui sera liquidée deux ans plus tard.

« On avait pourtant une belle marque, "Celtika", mais quand tu ne peux pas être ton premier client tellement ton produit est nul, c'est quand même mal parti ! La vraie difficulté, c'est qu'on était minoritaire. On n'avait que 25% des parts donc aucun moyen d'action et on n'arrivait pas à imposer le changement. C'était voué à l'échec et ça n'a pas trainé ! »
[Emmanuel Bouvet, cofondateur]

Cette fois-ci, c'est donc V and B qui prend les choses en main. Avec 100% des parts dans le groupe, c'est Emmanuel Bouvet qui tient les manettes, accompagné de deux brasseurs pour l'épauler, Andrew Goulet et Jean-Baptiste Lafond.

Côté infrastructure, ce nouvel équipement n'a rien d'un petit atelier de brassage pour satisfaire un hobby : avec une capacité totale de 20 000 hectolitres, il a fallu libérer de l'espace (1000 m^2 pour accueillir une salle de brassage, un espace de stockage et une salle d'embouteillage) et un budget d'environ 2,5 millions d'euros pour l'ensemble.

« L'objectif, c'est d'inventer de nouvelles recettes et de produire des bières qu'on connait peu en France. On utilise 27 variétés de malt et on a même planté du houblon en sud-Mayenne chez trois agriculteurs, dans une logique de circuit court. »
[Emmanuel Bouvet, cofondateur]

Plutôt que de créer une petite rente ou de nouvelles bières emblématiques, comme ce fut le cas pour la Levrette, Mont-Hardi veut créer l'événement en proposant de nouvelles bières régulièrement, mais pas forcément les refaire l'année suivante. L'idée, c'est aussi de faire plein de tests pour trouver quelque chose de bon et de surprenant à la fois.

« On fait les choses sérieusement mais le but est aussi de s'amuser. Donc on va créer des bières, jouer avec des goûts différents, inviter des

> *brasseurs sur des projets. Et on va aussi créer des marques sympas, avec un visuel et une identité amusante, comme un écureuil déguisé en Rambo pour une bière à la noisette. Comme ça tu as un produit sympa avant même de l'avoir goûté, c'est festif pour tout le monde ! »*
> *[Emmanuel Bouvet, cofondateur]*

Pour distribuer ces bières, il y a bien sûr les magasins de l'enseigne mais aussi quelques distributeurs, et pourquoi pas… les restaurants du groupe ! En effet, V and B a également racheté deux restaurants :

- Le 2M, à Château-Gontier
- Les Tontons, à Bordeaux (rebaptisé Gargalou)

Suivant les périodes de l'année, vous pourriez d'ailleurs facilement croiser Jean-Pierre ou Manu à l'heure du déjeuner dans ces établissements, dont les murs ont assisté à de nombreux entretiens réalisés dans le cadre de ce livre…

Levrette Café, l'autre franchise de V and B

Autre levier de diversification : une autre franchise ! Après s'être imposé comme l'enseigne leader sur le créneau des cave-bars en périphérie des villes, V and B a lancé nouveau concept adapté aux cœurs de ville…

> *« Les mairies veulent dynamiser les centres-villes, ce qui suppose d'attirer à la fois des gens et des enseignes. Un magasin V and B ferme de bonne heure, donc on n'attire pas les problèmes, ce qui est attractif pour les municipalités. On a donc commencé à réfléchir au projet de créer des V and B en centre-ville, ce qui règle en plus le problème de la voiture lorsque les gens consomment de l'alcool. »*
> *[Emmanuel Bouvet, cofondateur]*

Un premier essai a été fait à Toulouse, avec une ouverture en février 2018 sur une surface de plus de 400 m^2 (et une terrasse de plus de 100 m^2) dans le centre « Reflets Compans ». Les premiers mois ont apporté des résultats positifs et fait germer quelques idées… Car le coût du foncier n'a rien à voir entre le centre-ville ou une zone d'activités commerciales en périphérie.

> *« Les locaux affichent des prix faramineux donc la barrière d'entrée est très élevée. Il y a eu pas mal de projets refusés car ça ne passait pas financièrement, donc il a fallu s'adapter. »*
> *[Basile Bréhin, développeur V and B centre-ville]*

Ainsi, une réflexion s'est engagée pour créer un nouveau concept de bars à bières installés dans des lieux atypiques, s'exprimant sur 150 à 250 m^2 (soit deux fois moins qu'un magasin V and B traditionnel). Le nom a été trouvé rapidement, à la fois avec humour et comme clin d'œil à la « bière de position » imaginée par V and B ; l'enseigne Levrette Café était née.

> *« Le concept est génial mais on repart d'une feuille blanche car gérer un établissement de centre-ville est quelque chose de très différent. On revoit toutes nos procédures, fournisseurs et contacts. Et comme on cherche des lieux différents, on procède à l'envers : on trouve l'endroit d'abord et on cherche le gérant ensuite ! »*
> *[Basile Bréhin, développeur V and B centre-ville]*

Et les lieux choisis valent effectivement le coup d'œil. Le premier établissement a ouvert à Bordeaux dans un ancien chai avec pierres apparentes, et l'endroit a été entièrement redécoré avec un esprit vintage et industriel. Le deuxième établissement, ouvert à Nantes, se situe sur une barge flottant sur la Loire, en face du Carrousel des Mondes Marins, un immense manège de 3 étages qui fait près de 25 mètres de haut et de 22 mètres de diamètre. D'ailleurs, pour l'anecdote, compte tenu du jeune âge du public fréquentant la zone, le nom de l'enseigne affiché est « Le****** Café », pour éviter que les enfants ne demandent à leurs parents ce qu'est une levrette !

Pour le troisième établissement, prévu dans la ville de Saumur, un lieu d'exception avait été retenu : une ancienne chapelle parfaitement préservée. Mais les associations catholiques saumuroises ont moyennement apprécié la blague et mobilisé les habitants pour faire « avorter » le projet (un comble !).

Les établissements suivants ont donc ouvert à Grenoble puis Bourg-en-Bresse… et une quinzaine de communes sont dans le viseur de cette nouvelle franchise, qui vise les villes d'au moins 80 000 habitants.

Point fort pour commencer, chaque Levrette Café bénéficie des produits et de l'expertise V and B. Plus de 130 bières, 90 références en rhums, gin, vodka, whiskies ou tequila et des vins sélectionnés par Franck Thomas, meilleur sommelier de France et d'Europe. Petite différence notable : des cocktails originaux avec de nouvelles saveurs sont proposés régulièrement pour exciter la curiosité et les papilles des visiteurs.

Quant au concept, il a évidemment été repensé pour s'appuyer sur ces lieux surprenants. Ainsi, ouvert de 17h à 2h selon les saisons, le Levrette Café s'inscrit dans l'ère de l'afterwork mais c'est aussi un bar convivial et animé où l'on peut prolonger sa soirée. Avec une décoration vintage et industrielle dans un endroit atypique et chaleureux, il propose une gamme évolutive de produits en provenance du monde entier.

Quant à l'ambiance, elle est toujours conviviale et festive mais elle se veut aussi décalée, avec animations variées comme la French Levrette, le blind test, les soirées célibataires, des concerts, des dégustations de produits, une soirée Halloween, une soirée Québécoise, des soirées ski, des soirées rock…

Du côté des franchisés, les points forts qui ont fait le succès et l'efficacité de V and B ont été repris. Grâce à un intranet et différents modes de consultation, tous les membres du réseau sont constamment en interaction pour mutualiser conseils et idées afin que chacun puisse en bénéficier et faire progresser la franchise Levrette Café. Différentes occasions de se rassembler sont proposées, soit lors d'ateliers de travail par région (échanges sur les projets à courts et moyens termes), soit lors du week-end national Levrette Café, qui rassemble toutes les équipes impliquées afin de renforcer les liens entre la centrale et les franchisés mais aussi créer une véritable cohésion entre franchisés.

Si l'aventure vous tente, renseignez-vous sur Internet :

www.levrettecafe.fr

Animer le territoire

Outre des entreprises durables, V and B, c'est aussi un état d'esprit et une façon d'animer le quotidien, toujours autour d'un esprit épicurien et dans un esprit convivial. Ainsi, ma première rencontre avec plusieurs personnes citées dans cet ouvrage n'a pas eu lieu au siège social du groupe, mais dans une immense salle des fêtes pour célébrer Oktoberfest (ou fête de la bière) en octobre 2017 ! Je me souviens de centaines de participants rassemblés autour d'un bar central puis attablés pour un diner festif en fanfare, tandis que le service était assuré bénévolement par les équipes du siège portant des déguisements bavarois.

Un autre événement notable fut la projection de la finale de la Coupe du Monde de football à l'été 2018, dans un grand champ réservé à cet effet. Plus de 5000 participants au compteur, ce qui est assez incroyable pour une ville de la dimension de Château-Gontier.

> *« A part une ambiance de folie, le plus marquant dans ce truc-là, c'était la fin ! Après la victoire de la France et les nombreux chants arrosés qui ont suivi, on pouvait voir les gens ramasser leurs gobelets et les jeter gentiment dans les poubelles pour éviter d'abimer le site. Je ne sais pas ce que ça dit du territoire, mais c'était beau à voir ! »*
> *[Jean-Pierre Derouet, cofondateur]*

Enfin, difficile de parler de fiesta sans mentionner le V and B Fest ! Ce premier festival musical organisé du 13 au 15 septembre 2019 à l'hippodrome de Craon, au cœur de la Mayenne, restera dans les souvenirs de tous les participants. Pendant trois jours, une vingtaine de concerts se sont enchaînés, avec Bigflo & Oli, Ofenbach, H.F Thiéfaine, Boulevard des Airs, IAM, Synapson, Vladimir Cauchemar, Collectif 13, Merzhin, Le Trottoir d'en Face, Roméo Elvis, The Rumjacks, Alice on the roof, Balik...

> *« Ce qui est fou pour ce projet, c'est que tout le monde s'est mobilisé pour lui donner vie. On a plus de 70 personnes qui se sont impliquées, en-dehors de leur temps de travail, aussi bien des comptables que l'exploitation logistique. Il y avait un effet fédérateur super puissant, on a fait de la cohésion dans l'action ! Et ça a eu un effet incroyable en interne au niveau de l'ambiance quotidienne. »*
> *[Céline Lebreton, responsable expérience collaborateurs]*

Aux commandes de ce festival, un jeune salarié de V and B, qui n'avait pas du tout été embauché pour ça !

> *« Je suis entré chez V and B comme intérimaire au service "consignes", juste après l'échec d'un projet de création d'entreprise, simplement parce que j'avais besoin d'un job. A la fin de mon intérim, David Piquet et Emmanuel Grudé m'ont proposé d'intégrer le service logistique, ce qui m'a amené à prendre un café avec Antoine Porcher pour un "café du DG". On a discuté d'un projet culturel et évoqué l'idée d'un festival... et on s'est lancé en quelques semaines ! »*
> *[Damien Jahier, président du V and B Fest]*

Un premier essai risqué tant la logistique d'un tel événement est complexe, mais une sacré réussite puisque deux mois plus tôt, les organisateurs annonçaient déjà les guichets fermés : 60 000 personnes étaient attendues pendant le week-end ! Devant un tel engouement, V and B a attendu tout juste un mois pour annoncer qu'une deuxième édition verrait le jour en septembre 2020 et que le rendez-vous allait devenir annuel.

Petit bémol au printemps 2020 : la situation sanitaire liée à l'épidémie de coronavirus conduit les organisateurs à annuler la deuxième édition du festival. Qu'à cela ne tienne, il est hors de question d'enterrer un si beau projet ! Le rendez-vous est immédiatement fixé pour le mois de septembre 2021 et personne ne baisse les bras. Ce n'est que partie remise et les retrouvailles n'en seront que plus belles.

> *« Je réalise un rêve et ça se résume à une accumulation de bonnes rencontres. Je venais de connaître moi-même un échec entrepreneurial et j'ai eu la chance d'intégrer une entreprise qui sait faire confiance aux porteurs de nouveaux projets. Je suis passé du mec qui trie les consignes à président d'un festival, c'est incroyable ! »*
> *[Damien Jahier, président du V and B Fest]*

Outre sa franche réussite, à l'instar de la brasserie Mont-Hardi, ce festival musical av un goût particulier car il résonne avec l'histoire des fondateurs de V and B.

« L'idée d'un truc comme le V and B Fest, je l'ai eu il y a 37 ans. J'avais 20 ans et j'avais créé l'association Castelmusique pour organiser un festival. J'étais super chaud mais tout a foiré parce que je m'y suis mal pris. Je n'avais pas d'expérience, pas de fric et je n'avais pas fait de rencontre susceptible de compenser mes lacunes. Mais avec le temps, les autres et l'envie, on y arrive ! Ce festival en est une preuve supplémentaire. »
[Jean-Pierre Derouet, cofondateur]

Et demain ?

Avec des projets qui s'accumulent et qui se diversifient, jusqu'où ira V and B ? Impossible de prévoir l'avenir, mais assurément, ses équipes s'évertuent à le construire ! Petit tour d'horizon des réponses...

« On peut tout imaginer si on reste cohérent, donc n'importe quelle activité autour de la nourriture et du plaisir. On a déjà des restaurants donc pourquoi pas de l'hôtellerie, des maisons de vacances Il y a toujours un bar dans ces lieux-là ! Pour aller plus loin, je pense à l'oenotourisme. Le vin est un patrimoine du terroir donc un patrimoine touristique et il y a déjà 15 millions d'oenotouristes en France par an ! »
[Emmanuel Bouvet, cofondateur]

« Trouver des activités diversifiées est toujours une bonne idée si on sait les accompagner. En bonne financière, je dirais que c'est déjà utile pour diversifier les revenus ! Les autres branches d'activité soutiennent les magasins et renforcent la marque, or plus on est connu, plus on est puissant, quel que soit le projet qu'on lance. Je pense que le développement de l'export et du e-commerce sont de bonnes opportunités sur lesquelles on peut s'engager à court terme et qui donneront encore plus de résultats à long terme. »
[Charlotte Porcher, responsable financière]

« Consolider les comptes n'est déjà pas une mince affaire avec toutes les activités différentes du groupe, mais je pense que Jean-Pierre et Manu ne seront jamais à court d'idées ! Et comme Antoine suit la même voie, je suis tranquille sur une chose : je ne risque pas de m'ennuyer ! »
[Linda Robiche, directrice administrative et fiscale]

« L'avenir ? 350 magasins en France, d'autres magasins ailleurs. Et pour fournir le tout : 20 brasseries, 20 domaines viticoles, des distilleries en Ecosse ou au Japon. De toute façon, ça va être génial ! »
[Elodie Bouron, responsable marketing produit]

« Il faudra peut-être passer par une diversification des activités, toujours en lien avec le concept. Le lancement des ventes par Internet est déjà une nouvelle page qui s'ouvre. Il faudra de toute façon s'adapter au marché et continuer à créer une belle histoire qui permet aux gens de se rencontrer. »
[Sandrine Bouvet, assistante de direction]

« L'avenir ? Je le vois beau. J'ai vraiment envie que V and B devienne une marque reconnue, que les magasins deviennent un troisième lieu de vie, que les gens passent de bons moments. Monter de beaux projets et travailler à ce que le groupe reste une belle entreprise, en préservant ses valeurs d'origine et en les partageant avec le plus grand nombre. »
[Céline Lebreton, responsable expérience collaborateurs]

« Je crois que la solution pour faire beaucoup de choses différentes, c'est de rester authentique et de cultiver la simplicité. Sinon tu perds du temps et de l'énergie, parce que tu compliques les choses et que les gens te compliquent la vie. Si tu restes authentique, tu t'entoures de gens authentiques, donc c'est plus simple. Et avec la simplicité, tu enlèves la pollution et le parasitage, donc tu vois plus clairement. Je crois que la simplicité est le plus court chemin vers l'excellence. Tiens, c'est beau ça, non ? (rires) »
[Jean-Pierre Derouet, cofondateur]

À PRENDRE OU À LAISSER !

Décliner son projet et se diversifier

Lorsqu'une entreprise fonctionne mais qu'on doit faire face à de la concurrence externe ou de l'inertie interne, il est possible de s'orienter soit vers une stratégie de spécialisation, en approfondissant son expertise dans un même domaine, soit vers une stratégie de diversification en créant de nouvelles activités pour l'entreprise. Attention, cette deuxième option n'est valable que si votre entreprise tourne déjà : vous éparpiller lorsque vous vous lancez est la voie rapide vers la sortie de route.

Si vous optez pour une stratégie de spécialisation, vous devez concentrer vos efforts sur l'amélioration de votre avantage concurrentiel : qualité, originalité, tarification, adaptabilité, rapidité… c'est vous qui voyez ! C'est l'orientation qui peut paraître la plus logique, mais elle n'est pas toujours possible, car elle ne peut être mise en œuvre que si votre marché offre des potentialités de croissance et que vous disposez des moyens nécessaires pour conforter votre position dans votre secteur.

Si vous optez pour une stratégie de diversification, vous devez vous positionner dans de nouveaux domaines d'activités, idéalement connexes à votre premier marché afin de maintenir une cohérence d'ensemble et une compréhension par vos clients. Par exemple, si vous êtes fabricant de savon et que vous commencez soudain à vendre des tutus, on peut se demander la logique de votre démarche…

Notez que choisir un type de stratégie n'empêche pas d'appliquer l'autre dans un deuxième temps ! Dans le cas du groupe V and B, on assiste en premier lieu à une stratégie de spécialisation avec une expansion géographique et une spécialisation marketing : d'une part, l'entreprise a augmenté ses parts de marché en élargissant l'étendue géographique de son activité, d'autre part, elle a développé son domaine d'activité en offrant de nouveaux produits à ses clients, ce qui a aussi permis d'attirer de nouveaux clients. Dans un second temps, V and B s'est diversifié en s'intéressant à d'autres domaines d'activités connexes à son concept de cave-bar.

La stratégie de diversification fait des émules car elle est souvent plus stimulante. On a l'impression de partir vers une nouvelle aventure tout en étant sécurisé par son premier projet qui fonctionne et qui peut servir de base arrière et de levier pour lancer la nouvelle activité. Si c'est quelque chose qui vous tente, osez essayer !

Mais ne faites pas les choses en amateur en considérant cette nouvelle activité comme un hobby. Vous devrez y consacrer du temps et des ressources afin de maîtriser deux facteurs essentiels pour que l'expérience soit profitable :

- Maîtriser de nouvelles compétences pour réussir dans les nouveaux domaines d'activités
- Décliner votre vision et votre projet d'entreprise au sein de ces nouvelles activités

Reste ensuite à trouver comment se diversifier. L'idée de choisir une activité connexe à votre activité actuelle repose sur un principe simple : il est préférable de vous lancer sur un marché sur lequel vous aurez un avantage concurrentiel dès le départ… Pour cela, vous pouvez miser sur plusieurs approches :

L'approche client

L'approche client, qui consiste à prendre en compte toutes les spécificités qui caractérisent votre client et son besoin, qui lui donnent son identité et qui définissent son comportement d'achat (par exemple, un client qui a envie de boire a peut-être aussi envie de manger).

L'approche technique

L'approche technique, qui permet d'identifier votre savoir-faire spécifique et de le dupliquer sur un autre marché (par exemple, V and B vend de la convivialité, donc le marché est presque infini car tout se passe toujours mieux dans un environnement convivial, qu'il s'agisse d'une séance de sport, d'un séminaire de formation ou d'un enterrement).

L'approche production

L'approche production, qui consiste à optimiser au mieux vos moyens de production (hommes et machines) pour fabriquer un nouveau produit (par exemple, si vous fabriquez des ailes d'avion, vous pouvez peut-être fabriquer des éoliennes).

L'approche distribution

L'approche distribution, qui consiste à identifier vos canaux de distribution et d'envisager comment vous pourriez les utiliser pour vendre ou faire vendre un produit (par exemple, une célèbre librairie en ligne qui est devenue le plus gros supermarché du monde).

Mais ne perdez pas de vue que ce qui fait votre succès, c'est aussi le supplément d'âme que vous apportez à vos clients comme à vos partenaires, et c'est bien cela qu'il faudra préserver lorsque viendra l'heure de vous diversifier.

– 10 –

Faire le tour du monde

Après être né au cœur de la Mayenne et avoir conquis le territoire français, le groupe V and B a décidé de faire le tour du monde, à la fois symboliquement et littéralement. Et fidèle à son esprit, en lançant plusieurs projets pour atteindre le même objectif…

Exporter un état d'esprit

L'activité la plus visible du développement international de V and B est l'ouverture de magasins à l'étranger. Un premier test (concluant) a déjà été fait outre-mer, sur l'île de La Réunion. Certes, c'est un territoire français, mais l'île est située dans l'océan Indien et il faut plus de 10h pour s'y rendre, avec des spécificités culturelles locales à prendre en compte... sans oublier les contraintes logistiques et les particularités douanières !

En effet, La Réunion fait bien partie du territoire douanier de l'Union européenne mais elle est considérée comme un territoire tiers sur le plan fiscal. Et ce n'est pas un petit détail...

- Les échanges entrants depuis la métropole sont considérés comme des importations
- La fiscalité est différente avec une imposition spécifique pour les produits arrivant sur le territoire

Il a donc fallu repenser les méthodes de travail, bien cadrer le modèle économique et adapter toutes les procédures internes pour relever le défi.

> *« Il a fallu s'adapter en permanence, avec la difficulté qu'on ne peut pas faire 4 heures de voiture pour aller voir les mecs s'ils ont un souci. Tout prend plus de temps, on n'est pas sur les mêmes fuseaux horaires et on doit faire 11 heures d'avion pour y aller. La Réunion est en France, mais fiscalement, c'est comme si on ouvrait un magasin à l'étranger. Les gars ont eu du courage de tenter l'aventure, mais ensemble, on a relevé ce beau challenge. »*
> *[Antoine Porcher, directeur général]*

Un challenge si bien relevé que l'ouverture d'un deuxième magasin est prévu sur l'île de La Réunion, qui a largement de quoi l'accueillir avec une population de plus de 850 000 habitants.

Après ce premier essai transformé, il est temps de franchir les frontières. Un premier magasin V and B a donc été ouvert en Suisse, à Martigny. Ce sont deux frères, Damien et Alexandre, qui se sont associés pour tenter l'aventure. Loin d'être des débutants, ils avaient déjà ouvert plusieurs magasins dans la zone, côté français, à Thonon-les bains, Chambéry et Annecy.

Six mois plus tard, c'est le début des problèmes : un des deux frères tourne le dos au projet et décide subitement de changer de vie en partant vivre aux Antilles. C'est lui qui devait piloter le magasin suisse en étant garant du savoir-faire mais il décide de tout laisser tomber du jour au lendemain. Il faut le remplacer en urgence mais celui qui hérite de cette mission découvre en sus que l'étude de marché est bâclée et que rien n'a vraiment été anticipé pour s'adapter efficacement au pays en ce qui concerne la réglementation, les modes de consommation ou la spécificité des produits.

> *« Le magasin existe toujours mais ce n'est pas le grand succès qu'on attendait. Il y a eu un excès de suffisance car les porteurs du projet avaient déjà 3 magasins qui cartonnaient donc ils pensaient que ça allait se faire facilement. On a été trop sûrs de nous alors qu'on n'avait pas de connaissance du terrain. Ça a été une déception mais c'est une bonne leçon pour la suite. »*
> *[Antoine Porcher, directeur général]*

Une déconvenue certaine, mais certainement pas un coup d'arrêt à l'aventure internationale. Prochaine étape : franchir la Manche et ouvrir un premier magasin en Angleterre. Sacrée épreuve dans le pays qui a inventé la culture de l'afterwork !

« Le premier magasin sera un test, mais le but n'est pas d'ouvrir un établissement juste pour dire qu'on est présent partout. On prend le temps de bien faire les choses, de trouver l'endroit idéal et de s'implanter correctement. On n'a pas le choix, il faut que ça fonctionne ! Car l'idée finale, c'est d'être ambitieux : on veut créer une nouvelle franchise avec un nouveau concept V and B, une offre repensée avec tout sur place et un positionnement plus épicurien que les pubs traditionnels qu'on trouve en Angleterre. »
[Romain Rouxel, directeur de V and B Concept]

Pour réaliser ce projet, impensable de faire la même chose qu'en Suisse. Le concept a été repris de A à Z pour s'intégrer à la culture locale, une étude de marché a été effectuée par un cabinet britannique spécialiste du secteur, un logiciel de caisse locale a été sélectionné pour optimiser la gestion et la logistique…

« On apprend de nos erreurs donc on ne va pas refaire les mêmes bêtises, mais on en fera d'autres ! On apprendra et on améliorera les choses à chaque fois. »
[Jean-Pierre Derouet, cofondateur]

Le gérant prévu pour ce nouveau magasin est Florian Poupinel, qui bénéficie d'une bonne connaissance du fonctionnement du groupe et des magasins en raison de son expérience de coach réseau puis de responsable coaching réseau. Atout supplémentaire : sa femme est anglaise, ce qui devrait le préserver de toute faute de goût ou faux pas culturel.

« On va exporter la convivialité à la française tout en l'intégrant dans une culture différente de la nôtre, c'est à la fois super marrant et super stimulant ! »
[Florian Poupinel, responsable coaching réseau]

Exporter de bons produits

En plus de son état d'esprit, V and B veut aussi exporter ses produits ! Les magasins sont des points d'entrée mais cela ne suffit pas pour écouler toute la production, qui ne demande qu'à rencontrer de nouvelles papilles tout autour du globe.

> *« Ce n'est pas encore un enjeu super fort mais c'est une activité en cours en développement et le potentiel est énorme. On envoie déjà des camions en Allemagne, en Pologne, en Suisse mais on peut en envoyer partout où il y a des routes ! »*
> *[David Piquet, directeur logistique et transport]*

Par ailleurs, Jean-Pierre Derouet aime autant découvrir de nouveaux lieux que de nouvelles personnes et ne se fait pas prier pour jouer les VRP à l'autre bout du monde, ce qui permet d'implanter durablement les produits auprès de distributeurs locaux.

> *« On va en Chine, au Vietnam, en Côte d'Ivoire, au Japon, en Argentine Les gens sont curieux de découvrir nos produits et la France bénéficie d'une image de marque internationale dans le domaine des vins et spiritueux. Ce n'est pas toujours simple à mettre en œuvre mais on doit être au niveau de notre réputation. »*
> *[Jean-Pierre Derouet, cofondateur]*

Car l'export connaît des règles que la raison ignore, et il faut faire avec. Des règlementations parfois surprenantes, des droits de douanes hallucinants comme à Tahiti, un étiquetage par pictogrammes, des certificats sanitaires à ne plus savoir qu'en faire… Chaque nouveau pays a ses nouvelles contraintes et l'activité d'exportation du vin est assez concurrentielle, puisque c'est le second secteur d'exportation français, juste après l'aéronautique et devant la chimie/parfumerie. Le pays reste ainsi le premier pays exportateur de vin, pour environ 8 à 9 milliards d'euros qui rentrent dans les caisses de la France chaque année… Juste en passant : avec une telle manne financière pour le PIB hexagonal, qui voudrait vraiment l'interdire ?

> *« Ce n'est pas le secteur d'activité où V and B connaît sa plus forte croissance, parce que ce n'est pas là que nous faisons les plus gros*

investissements, mais c'est un énorme potentiel : il y a presque 200 pays dans le monde donc c'est autant de marchés à conquérir ! »
[Emmanuel Bouvet, cofondateur]

Changer le monde grâce au sport

En-dehors de ses activités marchandes, le groupe V and B s'implique énormément dans le sport : football, boxe, triathlon, bateau... Que ce soit à toute petite échelle en sponsorisant l'équipe des pompiers de Château-Gontier pour les 24h du Mans en vélo ou sur des projets plus ambitieux en accompagnant le skipper Maxime Sorel pour participer au Vendée Globe, l'entreprise n'a pas peur de voir grand et de s'engager auprès des athlètes qui portent un message.

« Participer à des événements sportifs, c'est aussi être proche des gens. On a des loges dans des stades : Nantes, Laval, Pau. C'est un super outil pour les relations publiques ou pour organiser des moments festifs avec des partenaires et des clients. »
[Basile Bréhin, développeur V and B centre-ville]

Qu'on ne s'y trompe pas, le sponsoring n'est pas simplement un outil de communication pour se faire plaisir en assistant à des rencontres sportives depuis des loges bien chauffées. V and B se reconnaît dans les valeurs du sport et souhaite les promouvoir car cela correspond à sa vision de la société. En effet, le sport est un promoteur du lien social et de l'égalité des chances, il ne différencie pas les citoyens en fonction de leur âge, leur origine ou leur condition sociale : les difficultés sont les mêmes pour tous, il n'y a pas de raccourci et on n'achète pas sa performance donc chacun a sa chance en fonction de son implication et de sa volonté de réussir.

Cette égalité dans l'effort permet la fraternité dans la pratique : qu'il s'agisse d'un sport collectif ou d'un sport individuel, les progrès individuels passent par l'entraide et par l'union de sa force avec celle des autres. La présence du partenaire ou du groupe est nécessaire et bénéfique à la progression de chacun. Ainsi, le sport véhicule des valeurs fondamentales qui s'imbriquent les unes dans les autres pour édifier une formation morale.

D'une part, le sport est régi par des règles qui demandent à la fois du fair-play et de la discipline, c'est donc une école de la vie qui enseigne des valeurs fortes telles que l'amitié, le courage, la sincérité, l'honneur, la politesse, le respect et le contrôle de soi. D'autre part, le sport incite à une recherche constante et dynamique de perfectionnement. C'est donc à la fois une école de l'humilité face à l'effort et de la persévérance dans cet effort, ce qui est un bon moyen d'apprendre le courage, pour continuer d'avancer, et la modestie, face aux progrès qui restent à accomplir.

Pas étonnant, dès lors, que Jean-Pierre Derouet soit sensible au parcours du jeune boxeur lavallois Jordy Weiss, né en 1993 et déjà riche d'un palmarès impressionnant avec un titre de champion WBC Méditerranée (2017) et la ceinture de champion de l'Union européenne (2018) autour de la taille, ce qui lui vaut d'être classé dans le top-10 français.

> *« Jordy a 25 ans et il a tout sacrifié pour la boxe. L'école, le boulot, l'argent, il s'en fout. Son seul objectif, c'est de devenir champion du monde. Tout ça en étant un petit gars de Laval ! C'est normal pour nous de soutenir nos athlètes locaux quand ils s'engagent autant. » [Jean-Pierre Derouet, cofondateur]*

Autre action plus visible auprès du grand public : depuis 2014, V and B est le principal partenaire du skipper Maxime Sorel. Ingénieur en génie civil, le jeune homme a tout laissé tomber pour vivre sa passion de la voile et les résultats ont payé. 1er de la catégorie « Class40 vintage » à la Route du Rhum, au Trophée Guyader et au Normandy Channel Race en 2014, il s'est particulièrement illustré lors de la Transat Jacques Vabre en arrivant 2ème en 2015 puis 1er en 2017.

Ce parcours n'a pas toujours été de tout repos puisque Maxime a aussi connu un abordage cargo sur la Transat anglaise 2016 et un démâtage pendant la Route du Rhum 2018... Objectif suivant : participer au Vendée Globe 2020, dont le départ est prévu le 8 novembre aux Sables d'Olonne. Un projet rendu possible grâce à l'association de trois partenaires :

- Le groupe V and B, qui le soutient depuis 2014 et dont l'engagement dans la voile incarne le projet d'entreprise autour de valeurs fortes comme l'audace, la détermination et le dépassement de soi
- Le département de la Mayenne, a rallié le projet fin 2019 dans son objectif de développement de la notoriété du département (la

33
VAINCRE LA
MUCOVISCIDOSE
V and B
MAYENNE
Sodebo
PARTENAIRE MAJEUR
vendéeglobe

voile étant le symbole d'innovation et d'excellence, mais aussi de dynamisme et d'esprit d'entreprise)

- L'association Vaincre la Mucoviscidose (dont Maxime Sorel est le parrain national) est liée au projet depuis ses débuts ; elle se consacre à l'accompagnement des malades et de leur famille dans chaque aspect de leur vie bouleversée par la maladie

Ce partenariat entre une entreprise, son territoire et une association qui vient en aide aux malades est un beau symbole qui profite à chaque structure en mettant en lumière ses valeurs et ses actions.

> *« Avoir un bateau aux couleurs de l'entreprise et du territoire, c'est un emblème génial. Cela représente à la fois un port d'attache et la logique d'un équipage qui affronte ensemble vents et marées pour arriver à destination. Le tout en aidant une association qui fait un super boulot, je soutiens à 100% ! »*
> *[Emmanuel Grudé, responsable de l'exploitation logistique]*

Visuellement, le bateau V and B Mayenne est très différent de ce qui se voit généralement sur ce type de course. Il est de couleur noir et l'emblème apparent sur les voiles est une immense tête de dragon. Le dragon incarne la puissance, la force, et la combativité. La loyauté et la confiance. Fulminant, il peut exprimer la rage. La nécessaire fureur pour vaincre, se dépasser, se surpasser. Aller au-delà de soi-même et se déployer dans toute sa singularité, n'est-ce pas aussi ce qu'ont fait Manu et Jean-Pierre en créant V and B ?

D'ailleurs, pour faire écho à ce tour du monde en bateau, Jean-Pierre Derouet a décidé d'organiser un tour de France du réseau. Accompagné de ses associés, partenaires et salariés en fonction des étapes, il a décidé de consacrer les quatre derniers mois de l'année 2020 à sillonner le pays pour partir à la rencontre de chaque magasin, des équipes locales et des clients qui font vivre la franchise. Un bateau sur les mers, un camping-car sur la terre, V and B est ancré en Mayenne mais inscrit son ouverture au monde dans chacun de ses projets.

À PRENDRE OU À LAISSER !

Exporter et partager ses valeurs

Si vous souhaitez partir à la conquête du monde avec votre entreprise, une réflexion profonde s'impose à double titre :

- Avez-vous de bonnes raisons pour le faire ?
- Votre proposition de valeur est-elle appropriée ?

Car s'imposer durablement dans un nouveau pays n'a rien à voir avec une extension de ce que vous faites déjà. Pour prendre l'exemple de V and B, s'installer au Royaume-Uni est radicalement différent de l'ouverture d'un nouveau magasin dans une zone d'activités commerciales françaises ; il faut repenser le concept, examiner le contexte et analyser ses forces ainsi que ses faiblesses.

L'objectif doit être clairement défini : s'agit-il d'élargir son marché, de développer son offre client, d'accéder à une technologie, d'augmenter sa visibilité ? Des buts différents exigent des stratégies différentes et il faut être clair dès le début pour éviter toute déconvenue par la suite, y compris pour savoir limiter ses pertes si la mayonnaise ne prend pas.

Peut-être que la concurrence est faible dans le pays que vous visez, auquel cas c'est déjà une bonne chose. Pénétrer un nouveau marché est un axe de développement qui vous permettra de vous positionner comme leader... mais ça ne veut pas dire que ce sera facile !

Parfois, le marché sera prêt mais les contraintes administratives, financières et fiscales seront un réel obstacle à votre implantation. Si vous n'avez pas les reins assez solides ou que vous manquez de ressources, peut-être faudra-t-il envisager une nouvelle stratégie : prévoir plus de temps, créer une alliance avec un partenaire local, et peut-être même renoncer...

C'est par exemple ce qui s'est passé avec l'entreprise Balinea, qui a voulu s'implanter en Espagne et en Belgique. Les formalités administratives espagnoles se sont avérées particulièrement contraignantes pour ce secteur d'activité et trop gourmandes en ressources, donc il a fallu renoncer à l'aventure ibérique. Quant à la Belgique, l'entreprise a réussi à se lancer mais le coût financier étant devenu trop important pour ne pas mettre en danger la trésorerie, il a été décidé d'arrêter ce projet d'implantation afin de se concentrer sur la France. Parfois, il faut simplement savoir quand faire marche arrière et ne pas perdre de vue qu'une entreprise qui dure est avant tout une entreprise rentable.

D'autre fois, le marché sera prêt mais votre concept sera à revoir, pour l'adapter aux spécificités du pays ou à la culture locale. Par exemple, lorsque Showroomprivé s'est lancé en Allemagne au printemps 2014, les équipes n'avaient pas pensé que leur nom pouvait poser problème, le mot «showroom» ayant une connotation friponne en terre germanique. L'entreprise a donc fait machine arrière pour faire un come-back l'année suivant sous le nom de Vipsters.

N'oubliez pas que l'internationalisation n'est pas une fin en soi si elle ne remplit pas vos objectifs stratégiques. Pour poursuivre avec l'exemple de Showroomprivé, malgré une implantation réussie en Allemagne, le groupe a décidé d'arrêter l'aventure début 2019. Idem pour ses versions anglaises et polonaises, car l'érosion des marges a nui à la rentabilité générale du groupe. L'objectif de l'entreprise était double : améliorer ses marges et optimiser sa structure de coûts. Ces buts n'étant pas atteints, il était logique de faire demi-tour pour se concentrer sur les pays avec de meilleurs positionnements commerciaux (France, Italie, Espagne, Belgique et Portugal).

Quoi qu'il en soit, gardez en tête que s'implanter à l'étranger nécessite du temps, de l'énergie et de l'argent. Si franchir la frontière dépasse votre capacité en ressources humaines ou financières, vous allez vite mettre votre entreprise en péril. C'est ce qui s'est passé avec Aramisauto, qui a tenté de s'implanter en Allemagne en 2012 mais a décidé d'arrêter les frais en 2014.

En effet, cela faisait deux challenges majeurs à mener en simultané pour les équipes :

- S'implanter dans un pays étranger (avec une langue différente et des habitudes différentes)
- Développer l'activité de vente de voitures d'occasion en France (qui n'était alors pas complètement maitrisée puisque le projet d'origine se concentrait sur les voitures neuves)

Mener les deux de front consommait trop de ressources et deux erreurs ont été faites d'entrée de jeu : le management n'était pas assez solide à la tête du marché allemand, et les deux cofondateurs ne se sont pas suffisamment investis directement. De plus, l'entreprise n'avait aucun partenaire sur place, ce qui n'aurait pas été du luxe dans le secteur d'activité de la vente de voitures, en particulier dans ce pays amoureux des automobiles… Tout ça plus la dimension internationale, ça faisait beaucoup de raisons d'échouer !

Il y a deux leçons à retenir de cet exemple : investir dans les hommes et ne pas se disperser. Et respecter la méthode qui veut qu'on fixe dès le début un seuil de pertes acceptables, sinon vous ne saurez jamais vraiment quand arrêter les frais.

Enfin, n'oubliez pas qu'un échec sur un marché ou sur une idée ne signifie pas la fin de l'aventure. Faire des erreurs est un processus naturel dans la vie d'une entreprise et d'un entrepreneur, mais il faut croire que tout est possible !

Epilogue
Une brève histoire de l'avenir ?

A l'heure d'achever le manuscrit de ce livre, j'espère qu'il a été aussi agréable à lire qu'il a été intéressant à écrire. Il serait de bon ton de souligner l'aspect extraordinaire du parcours de ces entrepreneurs ordinaires, mais vous noterez aussi que V and B est une aventure qui s'inscrit dans le temps. Ce n'est pas une réussite fulgurante et factice qui porte l'agenda caché d'une revente rapide mais bien un réel projet d'entreprise et de société, qui s'intéresse avant tout aux humains, aux produits et à la convivialité.

Trois grands axes reviennent toujours lorsqu'on essaye de faire la synthèse des activités du groupe, au point que c'est presque un triptyque qui revient souvent lors d'interviews ou de discussions avec les fondateurs : le temps, l'envie et les autres.

Faire confiance au temps

Il est impossible de tordre les heures et les journées, un raccourci hâtif débouchant généralement sur une issue hasardeuse. Il faut donc prendre le temps de penser les choses et de bien faire les choses, car c'est sur cette base qu'on pourra accélérer ensuite. Si vous faites tout trop rapidement, vous négligerez les détails et il faudra sans doute recommencer ; que de temps perdu…

De plus, ne pensez pas que les événements se passeront comme prévu. Vous rencontrez des obstacles ou des inerties qui risquent de vous ralentir, mais cela ne veut pas dire qu'il faut abandonner. Au contraire, continuez à avancer et à vous projeter, car dans ces circonstances, le temps est votre allié.

L'universitaire américain Douglas Hofstadter est d'ailleurs l'inventeur de la loi de glissement de planning, ou « loi de Hofstadter », qui affirme ce principe : « il vous faudra toujours plus de temps que prévu, même en tenant compte de la loi de Hofstadter. » Vous voulez une confession ? La rédaction de ce livre en est un parfait exemple !

Diffuser son envie

Personne n'aide ni ne s'engage avec un porteur de projet qui n'irradie pas sa passion. Vous devez être la première personne convaincue par votre idée, sinon vous n'avez aucune chance de la faire décoller. Que ce soit face à vos partenaires, votre banquier, vos salariés… Diffusez votre envie, car elle est contagieuse !

Dans un monde aux contours fluctuants, les gens sont en quête de sens, donc montrez la direction en étant le premier à l'emprunter : on devient leader en tirant la locomotive, pas en poussant le dernier wagon. Incarnez vos valeurs et partagez vos idées mais soyez dans l'action ; l'énergie et l'enthousiasme se diffusent auprès de celles et ceux qui vous entourent, qui seront alors prêts à vous suivre pour donner vie à votre envie.

Idem pour vos salariés. Vous devez les payer correctement, c'est évident, mais ça ne sera pas suffisant. La motivation d'un collaborateur repose sur sa mission, qui doit être à la fois claire et porteuse de sens. Responsabilisez vos équipes en leur montrant leur importance au sein de l'entreprise, offrez des conditions de travail agréables et investissez dans des formations pour les faire progresser afin qu'ils continuent à vous accompagner.

Croire en les autres

Car vous ne réussirez pas si vous êtes tout seul. Le mythe de l'entrepreneur génial et solitaire est une grosse arnaque. Prenez l'exemple de Thomas Edison, l'inventeur souvent dépeint comme un chercheur isolé dans son atelier pour inventer l'ampoule électrique. Il était en réalité un véritable patron d'industrie, créant sa propre entreprise en 1874 avec deux associés pour recruter une équipe de 60 chercheurs, superviser 40 projets en même temps et déposer 1074 brevets. A son apogée, l'homme dirigeait un empire industriel ayant plus de 35 000 collaborateurs. Ce n'est pas vraiment ce qu'on appelle un loup solitaire !

Donc n'ayez pas peur de vous entourer, de faire confiance et de déléguer. Les jeunes vont apporteront de l'énergie et de nouvelles idées, les anciens vous apporteront de l'énergie et de la sérénité. Chacun peut apporter sa pierre à l'édifice si vous lui en donnez l'opportunité et la liberté. On dit que la défaite est orpheline mais que la victoire a 1000 pères, ce qui est assez vrai. Partagez vos réussites collectives avec votre entourage, les aventures suivantes n'en seront que plus belles !

Les leçons du coronavirus

Dans l'épilogue d'un ouvrage qui sort en septembre 2020, difficile de ne pas évoquer les suites de l'épidémie de Covid-19 qui a sévit partout dans le monde. Car si les 2 mois de confinement pour cause de coronavirus n'ont pas été une période simple pour V and B, ce fut peut-être une opportunité de mieux repenser l'avenir. A quelque chose, malheur est bon...

Car cette situation a permis au groupe de se recentrer sur l'essentiel, voire de s'étonner de certaines de ses habitudes. Car quoique réputées agiles, malines et débrouillardes, les équipes de direction ont soudain réalisé que le collectif pouvait encore largement progresser pour être plus efficace, plus rationnel, et plus rapide. Pour certains, ce fut même une remise en cause perturbante.

> *« A l'issue de certaines visios, on se disait parfois entre nous que c'était un peu dingue. A se demander comment on pouvait accepter des pertes de temps sur certaines décisions alors qu'on était finalement capables d'avancer hyper vite si on y était contraint. Comment certains choix pouvaient-ils prendre plusieurs semaines alors que nous les traitons aujourd'hui en quelques heures ? Comment imaginer que notre réseau a pu se lancer en mode drive et livraison en moins de deux semaines, alors qu'il nous aurait fallu des mois pour y parvenir en temps normal ? Clairement, ça interroge. »*
> *[Richard Zuber, directeur expérience client]*

Il est vrai que les cycles de décision lents sont l'indicateur du confort ; un comble quand on se méfie de l'embourgeoisement...

V and B est une entreprise intéressante pour ses réussites, mais aussi pour ses faiblesses. Elle incarne toutes les difficultés d'une entreprise qui grandit et se confronte à de nouvelles réalités. Jusqu'à maintenant, V and B faisait le choix d'adopter systématiquement un mode de communication positif et bienveillant pour diffuser l'innovation ou impulser le changement. Mais il faut peut-être parfois changer de ton. Le confinement lié au Covid-19 aura rappelé ce principe fondamental de la survie d'une entreprise : la « paranoïa positive ».

Bien sûr, il ne s'agit maintenir l'ensemble des équipes sous stress permanent, mais plutôt d'avoir une attention permanente au fait que chacune de nos actions peut avoir un impact et que chaque euro dépensé doit servir l'objectif. Quand la survie de l'entreprise en dépend, tout ceci est fait naturellement. Mais quand tout semble aller pour le mieux dans le meilleur des mondes, on fait moins attention...

Quand on imagine le potentiel qui pourrait être libéré pour financer d'autres projets si cette habitude de « paranoïa positive » était plus répandue, on ne peut que se dire que c'est une bonne idée ! Paradoxalement, cette réflexion liée à la crise est essentiellement un retour aux valeurs et au fonctionnement d'origine : se focaliser sur les moyens, faire beaucoup avec peu, chercher les synergies disponibles, faire évoluer les consciences sur la consommation, ne pas agir seul et jouer local...

V and B a 20 ans... et V and B dans 20 ans ?

Au-delà des perturbations récentes, après 20 années d'existence, les réussites de V and B sont nombreuses. Tous ces succès sont le fruit d'efforts répétés et de multiples défis relevés. Au fil du temps, au gré des rencontres et avec un appétit insatiable pour explorer de nouveaux univers. Mais rien n'est jamais acquis et nul ne sait où sera V and B dans 20 ans.

Début 2019, le patron d'Amazon Jeff Bezos a ému ses employés et ses actionnaires en affirmant que son groupe ferait faillite. En partant du principe que la plupart des grandes entreprises ont décliné 30 ans après avoir atteint leur pinacle, il tenait à rappeler que personne n'est invincible. Peut-on prédire le même destin à V and B ? Ce ne serait pas malin de la part de l'auteur de ce bouquin. Par ailleurs, rien n'indique que V and B soit à son apogée : des centaines de magasins peuvent encore être ouverts partout en France et dans le monde, une nouvelle franchise vient de voir le jour et ne demande qu'à exploser, des nouveaux produits restent à inventer, de nouvelles activités peuvent être lancées…

D'ailleurs, les médias se sont moins attardés sur la suite du discours de Jeff Bezos, qui est beaucoup moins sensationnelle mais beaucoup plus intéressante. L'homme le plus riche du monde a en effet précisé que si son entreprise devait décliner un jour, la mission des collaborateurs était de retarder l'inévitable aussi longtemps que possible. Et que la manière de le faire était de se concentrer sur les clients. Or c'est précisément le chemin pris par V and B, en intégrant du design dans ses méthodes et en repensant le parcours client pour le rendre plus agréable et plus fluide. Le groupe mayennais a donc encore de beaux jours devant lui, et une croissance potentielle que personne ne peut prédire.

Avec un petit nuage à l'horizon, qui ne s'assombrit pas mais qui ne s'éloigne pas non plus : et si demain, la tolérance zéro était appliquée à l'alcool au volant ? Difficile pour une enseigne dont les magasins sont établis en périphérie de survivre dans un tel contexte. Faut-il repenser le concept pour rapprocher les établissements des centres-villes ? Créer un partenariat ou un nouveau service de VTC pour ramener les clients chez eux en toute sécurité ? Inventer de nouveaux produits sans alcool en s'orientant par exemple vers le CBD ? Les options sont nombreuses tant qu'on ne perd pas de vue l'essentiel : la valeur ajoutée de V and B, ce n'est pas vraiment le produit, c'est la convivialité. Certes, la qualité des produits est importante, mais ces produits peuvent changer, évoluer, se différencier.

Dans l'absolu, un tel scénario a peu de chances de se produire, mais c'est un exercice amusant d'y réfléchir. Alors selon vous, que sera la convivialité de demain ?

> La vie m'a enseigné au moins une chose : si quelqu'un avance avec confiance en direction de ses rêves et qu'il s'efforce de mener l'existence qu'il a imaginée, il jouira d'une réussite hors du commun.

Henry David Thoreau

Certifié PEFC

Ce produit est issu de
forêts gérées durablement
et de sources contrôlées

PEFC
10-31-1316

www.pefc-france.org

Achevé d'imprimer en France
sur les presses de Jouve-Print
733, rue Saint-Léonard, 53100 MAYENNE
Dépôt légal : septembre 2020
N° d'impression : 2957502N